Leben wie Gott in Frankreich . . .

und speisen wie ein Gourmet. Wer möchte das nicht? Die Gerichte der französischen Küche, so wie sie in den Familien und in den kleinen Bistros auf den Tisch kommen, sind Teil des »savoir vivre«, der Lebenskunst unserer westlichen Nachbarn. Mit den Rezepten dieses Buches möchte ich Ihnen das Geheimnis der französischen Küche vermitteln.
Bon appétit und gutes Gelingen!

Die Farbfotos gestalteten
Odette Teubner
und Kerstin Mosny.

Alles Liebe zum
Geburtstag
und
Bon appétit!
Nadia
16/03/95

INHALT

Käse ist in ganz Frankreich beliebt. In jeder Region gibt es eigene Spezialitäten.

Essen und Trinken in Frankreich

Trotz Supermarkt und Schnellimbiß, trotz Schlankheits- und Gesundheitswelle – Essen und Trinken haben in französischen Familien noch immer einen hohen Stellenwert. Man tafelt gern im größeren oder kleineren Familien- oder Freundeskreis, und das den ganzen Abend, was weniger mit Völlerei zu tun hat als mit der Freude an dem, was die Gastgeberin oder der Gastgeber liebevoll zubereitet und fein gewürzt auf den Tisch bringt. Auch in den Restaurants der gehobenen Kategorie hat man sich wieder der Köstlichkeiten entsonnen, die man von Großmutter und Mutter gelernt hat.

Französisch kochen ist, entgegen der hierzulande weitverbreiteten Meinung, nicht kompliziert. Sie brauchen dafür keine höhere Schule der Kochkunst zu absolvieren, und doch gibt es ein paar Besonderheiten, die die typisch französische Küche gerade zu dem machen, was sie ist.

Zunächst einmal gehört die Liebe zum guten Essen dazu. Französische Küche will mit Liebe und mit der Vorfreude auf einen schönen Abend zubereitet sein. Dazu gehört vor allem die sorgfältige Auswahl der Zutaten beim Metzger, beim Gemüsehändler, beim Bäcker und nicht zuletzt beim Weinhändler. Denn Weintrinken gehört in diesem Land zum Essen, und Wein wird auch oft in das Gericht gegeben, ob als Zutat in die Sauce oder als Marinade, in die das Fleisch mit Gewürzen und Kräutern eingelegt wird. Aber keine Angst – wer keinen Alkohol trinkt, kann dennoch genießen, denn der Alkohol in der Weinsauce verkocht fast ganz – und ein gutes Mineralwasser steht auch in Frankreich immer mit auf dem Tisch.

Die Regionen und ihre Spezialitäten

Frankreich ist ein zentralistisch regiertes Land – bevölkert von unverbesserlichen Individualisten. Unter diesem scheinbaren Widerspruch muß man auch die Küche betrachten.
Einerseits kann man sehr wohl von einer französischen Küche sprechen, was die Art des Menüs und den tiefen Respekt vor einem guten Essen betrifft. Andererseits gibt es zwischen dem rauhen Norden und dem mediterranen Süden, zwischen dem alemannischen Osten und dem keltisch-separatistischen Westen sehr wohl regionale Besonderheiten, die sich aus der Tradition und aus den Produkten des Landes ergeben.
Dank ihrer geographischen Lage und ihrer eigenen Geschichte sind das Elsaß und in gewisser Weise auch Lothringen Außenseiter. Hier ißt man Schweinefleisch, im Elsaß das als »deutsch« verschriene Sauerkraut, die Gänseleberpastete hat hier ihren Ursprung, und die Käse, zum Beispiel Munster und Romadour, sind kräftig im Geschmack.
Die provenzalische Küche, eine typische Mittelmeerküche, wird in ganz Frankreich geschätzt. Fischspezialitäten wie die bekannte Bouillabaisse, die köstlich duftenden Kräuter, die Lammgerichte mit Knoblauch erinnern an sonnige Urlaubstage.
Die Normandie bringt keinen Wein hervor, dafür den herben oder süßen schäumenden Cidre, den spritzigen Apfelmost, und Calvados, den feinherben Apfelschnaps. Die Küche ist dem rauheren Klima angepaßt. Sie ist bodenständig und verwendet häufig Äpfel in fester oder flüssiger Form.
In der Bretagne wird ebenfalls Cidre hergestellt, doch gibt es im Süden bereits Weinbau. Der Muscadet gedeiht an der Loire-Mündung. Das Lammfleisch hier hat etwas vom Salzgeschmack des Atlantik, und die bretonischen Crêpes sind auch bei uns beliebt, denn sie sind leicht zubereitet, von süß bis salzig fast

Die Küche der jeweiligen Region hängt auch von der geographischen Lage ab. Im Süden wachsen Olivenbäume und man kocht mit Öl.

unendlich variabel, und man kann sie von der Vorspeise über den Hauptgang bis zum Dessert einsetzen. Bretonische Butter und Milchprodukte werden in ganz Frankreich hoch geschätzt. Burgund und Bordeaux, die beiden großen Weinantipoden im Osten und im Westen haben ihren Spitzengewächsen durchaus Ebenbürtiges in der Küche zu bieten. Die Produkte sind erstklassig und die Gerichte einfach und dabei erlesen.

Das Land der berühmten Schlösser von Königen, Adeligen und hohen Kirchenherren liegt in der Mitte Frankreichs, an der Loire und ihren Nebenflüssen. Die Märkte quellen über von faustgroßen Champignons, dunkelroten Möhren und reifen Früchten. Fisch aus den Flüssen, saftiges Rindfleisch, Kaninchen und Wild gibt es in Überfülle. Ein üppiges Land in jeder Hinsicht – la douce France!

Schinken – hier in einer speziellen Halterung frisch geschnitten – wird auf jedem Markt angeboten und als Vorspeise oder Imbiß genossen.

Die Elemente der französischen Küche

Was brutzelt und schmort in französischen Töpfen? Wenig Schweinefleisch, Wurst wird sparsam verwendet, abgesehen von verschiedenen Salamisorten für die Vorspeise. Rind, Kalb und Lamm sind die bevorzugten Fleischarten, Geflügel in jeder Form ist in allen Landesteilen Grundelement für die unterschiedlichsten Gerichte. Dabei stehen Hähnchengerichte an erster Stelle, da man ihr Fleisch auf fast unendlich viele Arten zubereiten kann. Das gleiche gilt für das Hauskaninchen. Ente und Gans, vor allem aber Wildgeflügel, vom Fasan über Perlhuhn, Rebhuhn bis zu Wachteln finden je nach Region häufig Verwendung. In den wildreichen Gebieten Mittelfrankreichs schätzt man Hase, Reh und Hirsch.
Atlantik- und Mittelmeerfische sowie Austern, Krebse, Muscheln, Meeresschnecken, Krabben, Hummer und Langusten sind Hauptbestandteile der Küche in den Küstengebieten, doch auch in den Binnenregionen gibt es in den zahllosen Flüssen und Bächen eine große Vielfalt von Süßwasserfischen, die zum Angeln verlocken. So scheint sich für den Frankreich-Reisenden der überwiegende Teil der männlichen Bevölkerung sonntags dem Fischfang zu widmen. Die runden Artischocken der Bretagne, die kleinen der Provence, die Trüffel des Périgord, die Champignons von der Loire sowie alle Gemüse, die wir hier kennen, werden in großer Vielfalt und hoher Qualität angeboten.

Ist die Butter im Norden Grundlage aller Gerichte, so werden im Süden die Speisen mit Öl zubereitet. Reis gibt es vor allem im Baskenland, Nudeln in Südfrankreich, wo Italien nicht weit ist. Die Hauptbeilage jedoch zu allem und jedem, außer zum süßen Dessert, ist das Brot. Es ist wahrscheinlich das wichtigste Element der französischen Küche und des Lebens in Frankreich! Brot gibt es immer frisch zu kaufen, auch sonntags. Tagtäglich sieht man französische Frauen, Männer und Kinder mit Armen voll Baguettes – die in Frankreich allerdings je nach Größe und Beschaffenheit verschiedene Namen tragen – ihre Wohnungen ansteuern.

Das französische Menü

Essen in Frankreich heißt immer, ein Menü zu essen, ob zu Hause oder im Restaurant – auch im Alltag. Während auf unseren Speisekarten die Tellergerichte vorherrschen und am Rande auch ein Menü angeboten wird, ist es in Frankreich genau umgekehrt. Wer ein Tellergericht bestellt, weist sich als Fremder aus und zahlt obendrein noch drauf. Ein Menü zu verzehren, bedeutet nicht, mehr zu essen, die Gänge sind kleiner dimensioniert. Es geht vielmehr darum, sich genußvoll, mit Pausen versteht sich, durch verschiedene Gaumenfreuden hindurchzukosten.
Zunächst gibt es den Aperitif zum Entspannen von des Tages Sorgen und zum Einstimmen auf das, was jetzt genossen werden will. Zum Aperitif, der aus Wermut, trockenem Sherry oder auch aus einem Glas trockenem Weißwein oder Schaumwein bestehen kann, reicht man höchstens ein paar »amuse-gueules«, Salzgebäck, Nüsse oder Oliven, gerade so wenig, um den Gaumen zu »amüsieren«. Doch nun wird es ernst: Die Vorspeise, das »hors d'œuvre«, wird aufgetragen, selbstverständlich mit Brot, das von jetzt an bis zum Ende der Mahlzeit auf dem Tisch bleibt. Rohkost, »crudités«, auch mit Salamischeiben oder gefüllten Eiern, Salate, eine leichte Vorsuppe, Omelette in vielen Varianten und/oder kleine warme Vorgerichte wie Königinpastetchen, Schnecken oder eine kleine Portion Quiche eröffnen das Menü. In Restaurants wird häufig die »terrine du patron«, eine hausgemachte Fleischterrine, angeboten, die man sich nicht entgehen lassen sollte.
Zu festlichen Gelegenheiten gibt es Fisch, Schal- oder Krustentiere als Zwischengang, in einem alltäglichen, kleineren Menü wird Meeresgetier entweder als Vorspeise oder als Hauptgang gereicht: Krabben, Muscheln oder auch Forellen als Vorspeise, »gewichtigere« Fische als Hauptgang. Zur Vorspeise trinkt man häufig den Aperitif aus, vor allem Weißwein oder Sherry, oder man beginnt bereits mit dem Rotwein, zum Beispiel zu Quiche oder Terrine. Mineralwasser steht ab jetzt auch auf dem Tisch. Der Hauptgang – ob Fleisch, Geflügel oder Wild – wird selten mit Beilagen in unserem Sinne serviert. Nur das Gemüse, das mit dem Fleisch gegart wurde, kommt mit auf den Tisch. Wenn es als Vorspeise keinen Salat gegeben hat, wird dieser in vielen französischen Familien nach dem Hauptgang gegessen. Spätestens jetzt hat endgültig die Stunde des Rotweins geschlagen. Auch Gerichte mit hellem Fleisch – ausgenommen etwa Huhn in Weißweinsauce – oder mancher Fisch werden von Rotwein begleitet, bis auf Spezialitäten aus dem Elsaß oder der Normandie, wo man Weißwein beziehungsweise Cidre bevorzugt. Rosé, der »weiße« Rotwein, ist ein Getränk des Südens und ein angenehmer Begleiter zu hellem Fleisch oder provenzalischen Fischgerichten. Nach dem Hauptgang, wenn eine angenehm friedliche Ruhe eingetreten ist, kommt auch für die Gastgeberin die Stunde der Entspannung. Zum restlichen Rotwein im Glas gibt es Käse – oft als Abschluß des Menüs eventuell mit einer Schale frischem Obst.
Selbstverständlich schatzen auch die Franzosen Süßspeisen – bei uns bekannt sind »mousse au chocolat« und »crème caramel«. In den Familien sind flache Obstkuchen mit dünnem Teigboden, sogenannte »tartes« beliebt. Crêpes mit Zucker oder Marmelade oder süßes Gebäck werden ebenfalls zum Dessert gereicht. Dazu oder danach gibt es Kaffee mit oder ohne »pousse-café«, dem Gläschen Cognac, Armagnac, Calvados, Obstwasser oder Marc, Tresterschnaps. Wem jetzt der Sinn nach Süßem steht, trinkt Likör, den »pousse-café« für die Damen. Nach diesem Gläschen

Hochprozentigem, der den Kaffee besser »rutschen« läßt, hat es mit dem Weintrinken ein Ende. In Frankreich wird Wein wie in anderen südlichen Ländern nicht den ganzen Abend lang getrunken – es sei denn, das Menü zieht sich bis Mitternacht hin.

Auf die Würze kommt es an

Jede Landesküche hat ihre eigene, unverwechselbare Art zu würzen. Erst die Würze macht ein Hähnchen oder Kaninchen, eine saftige Lammkeule oder einen Fischtopf zum »typisch« französischen, und typisch »französisch« würzen heißt, dezent und fein abgestimmt würzen. Die Kräuter der Provence (»herbes de Provence«) gibt es fertig gemischt zu kaufen. In ihnen sind außer den bekannten Mittelmeerkräutern auch Lavendelblüte und Sarriette, ein besonders duftendes Bergbohnenkraut, enthalten. Doch nicht nur die provenzalische Regionalküche verwendet Kräuter. In ganz Frankreich schätzt man das Bouquet garni, meist ein Sträußchen aus Thymian, Lorbeer und Petersilie, wahlweise auch mit etwas Fenchelkraut. Frische Kräuter binden Sie mit Küchengarn, getrocknete stecken Sie in ein Mullsäckchen, damit Sie sie vor dem Servieren leicht aus dem Gericht entfernen können.

Oliven – ob pur oder pikant gewürzt – gibt es oft zum Aperitif.

Zwiebeln kommen in der französischen Küche in vielen Varianten zum Einsatz. Jede Hausfrau hat mehrere Sorten davon im Vorrat. Neben den weißen Zwiebeln werden die blauen geschätzt, denn sie sind milder. Die großen Gemüsezwiebeln sind eigentlich kein Würzmittel, sondern Bestandteil eines Gerichts. Schalotten haben einen ganz eigenen, sehr würzigen Geschmack. Sie werden nur in kleinen Mengen verwendet, verzichten kann man jedoch nicht auf sie. Die jungen Frühlingszwiebeln schmecken vor allem gut an Salaten. Alle übrigen Zwiebelsorten aufzuzählen ist unnötig, denn sie sind hier kaum zu bekommen.
Knoblauch ist ein wichtiger Bestandteil der französischen Küche, doch wird er meist sparsamer eingesetzt als zum Beispiel in den Balkanländern.
Da man in Frankreich das feine Würzen bevorzugt, wird häufig nur der Topf oder die Schüssel mit Knoblauch ausgerieben. In Südfrankreich allerdings gibt es auch deutlich knoblauchintensive Speisen.
Die Vier-Gewürze-Mischung (»quatre épices«) aus 3 Teilen Pfeffer und 1 Teil Nelkenpulver, geriebener Muskatnuß und Ingwer gibt es bei uns nicht zu kaufen. Sie können sie aber leicht selbst herstellen und in einem gut verschlossenen Gläschen aufbewahren.
Neben diesen typisch französischen Gewürzen werden die Würzmittel verwendet, die es bei uns auch gibt: Pfeffer, immer frisch gemahlen, Cayennepfeffer, geriebene Muskatnuß, Saf-

Zwiebeln und Knoblauch sind aus der französischen Küche nicht wegzudenken und werden in vielen Varianten angeboten.

ran (vor allem im Süden), Meersalz, Senf in allen Geschmacksrichtungen . . . und viele Kräuter. Neben den festen sind die flüssigen Gewürze wichtige Geschmacksspender. Vor dem Garen werden Fleisch und Fisch gern mariniert.
Grundbestandteil jeder Marinade ist Rot- oder Weißwein, für besonders zartes Fleisch oder Fisch auch Zitronensaft. Dazu kommen Kräuter und Gewürze, bei trockenem Fleisch auch Speck oder Öl. Mariniert wird 1–2 Stunden oder auch einen bis mehrere Tage. Es ist eine wundervolle Art, Fleisch indirekt zu würzen. Die Marinade wird später mitgekocht oder -geschmort, in manchen Fällen auch nicht weiterverwendet. In die Marinade gibt man keinen extra teuren, aber auch keinen minderwertigen oder gar »umgekippten« Wein – es wäre schade um das Gericht. Wein ist außerdem Bestandteil vieler Saucen. Auch hier brauchen Sie keine Bedenken zu haben, wenn Kinder oder Antialkoholiker mitessen – der Alkohol verdampft, nur die feine Säure und die übrigen Geschmacksstoffe des Weines ergeben den erwünschten französischen »goût«. Schnäpse werden zum Parfümieren von Saucen verwendet. Ein Gläschen Cognac, Armagnac oder Calvados kann einer Sauce das reizvolle Geschmackstüpfelchen verleihen, das sie unverwechselbar macht. Terrinen oder Füllungen von Geflügel erhalten durch feine Schnäpse einen Wohlgeschmack, dessen Ursprung nicht hervorsticht – und so soll es auch sein.
Schließlich wird mit Alkohol auch flambiert. Durch das Flambieren erhält eine Speise – ob Fleisch- oder Süßspeise – das Aroma von Cognac oder Armagnac, der Alkohol wird verbrannt. Doch Vorsicht: Nur um des schönen Effekts willen flambiert man nur in mäßigen Restaurants. Und seien Sie beim Flambieren sehr behutsam, damit nichts anbrennt und nichts und niemand heiße Spritzer abbekommt.

Crudités au roquefort

Rohkostplatte
mit Roquefortsauce

Bei der Zusammenstellung einer Rohkostplatte sind Ihrer Phantasie keine Grenzen gesetzt. Es eignet sich fast die gesamte Palette des Angebots an Gemüse und Salaten. Für eine kleinere Rohkostplatte brauchen Sie nur eine Auswahl zu treffen und die Menge der Sauce entsprechend zu reduzieren. Die Sauce schmeckt noch besser, wenn Sie sie am Tag vorher zubereiten und im Kühlschrank aufbewahren.

Zutaten für 10–12 Personen:
300 g Roquefort
250 g Crème fraîche
Saft von 2–3 Zitronen
Salz
Pfeffer, frisch gemahlen
500 g junge Möhren
1 schwarzer Rettich
2 Bund Radieschen
1 kleiner Blumenkohl
2 grüne Paprikaschoten
2 rote Paprikaschoten
1 Staude Stangensellerie
1 Fenchelknolle
1 Salatgurke
800 g feste reife Tomaten
1 Gemüsezwiebel
1 kleiner Kopfsalat
1 kleiner Friséesalat
1 kleiner Kopf Bataviasalat
1 kleiner Kopf Eisbergsalat
1 Karton Kresse
500 g Champignons
2 Avocados

Braucht etwas Zeit
Für Gäste

Bei 10 Personen pro Portion etwa:
1500 kJ/360 kcal
13 g Eiweiß · 29 g Fett
12 g Kohlenhydrate

- Zubereitungszeit: etwa 1 1/2 Stunden

1. Zuerst die Roquefortsauce bereiten: Den Käse würfeln und mit einer Gabel zermusen oder pürieren. Die Crème fraîche cremig rühren, dann mit dem Käse mischen. Etwa die Hälfte des Zitronensaftes dazugeben. Abschmecken und sehr sparsam salzen und pfeffern. Die Sauce in den Kühlschrank stellen.

2. Die Möhren, den Rettich und die Radieschen putzen, gründlich waschen, eventuell abbürsten und abtupfen. Die Möhren längs vierteln, den Rettich eventuell halbieren und in dünne Scheiben schneiden, die Radieschen ganz lassen. Auf einer großen Platte anordnen. Den Blumenkohl in Röschen teilen, abbrausen, abtrocknen und auf die Platte legen.

3. Die Paprikaschoten waschen, achteln und von Rippen und Kernen befreien. Den Sellerie waschen, am Wurzelende dünn abschneiden. Die Stangen eventuell von Fäden befreien und in etwa 5 cm lange Stücke schneiden. Frische, junge Blättchen nicht entfernen. Den Fenchel waschen, putzen und mit den Blättchen in feine Scheibchen schneiden. Die Gurke waschen, längs halbieren und mit einem Teelöffel das weiche Innere herauskratzen. Das Fruchtfleisch in etwa 3 cm lange Stücke schneiden. Die Zutaten auf der Platte anordnen.

4. Die Tomaten waschen und quer halbieren, salzen und pfeffern. Die Zwiebel schälen und in Ringe schneiden. Die Tomaten auf die Platte legen, die Zwiebelringe darauf verteilen.

5. Die Strünke von den Blattsalaten entfernen. Die äußeren Blätter zum Garnieren beiseite legen, die Salatherzen vierteln. Gründlich waschen und abtropfen lassen. Die Kresseblättchen von den Stielen schneiden und vorerst in eine kleine Schüssel geben.

6. Die Pilze mit Küchenpapier gut abreiben oder schnell kalt abspülen und putzen. Ganz lassen. Mit dem restlichen Zitronensaft beträufeln. Die Avocados sehr vorsichtig mit einem scharfen Messer schälen, längs halbieren und die Kerne behutsam herauslösen. Das Fruchtfleisch achteln und mit Zitronensaft beträufeln.

7. Diese Zutaten auch auf der Platte aufschichten. Die Kresseblättchen dazulegen. Die Platte mit den großen Salatblättern garnieren und servieren. Die Roquefortsauce dazu reichen.

Rohkost wie die Crudités au roquefort gehörte in Frankreich schon vor der allgemeinen »Gesundheitswelle« zum klassischen Vorspeisenangebot.

Fonds d'artichauts aux crevettes

Artischockenböden mit Garnelen

Artischocken sind in Frankreich in jeder Form beliebt. Für das folgende Rezept sind die großen französischen Artischocken am besten geeignet, denn ihre Böden sind groß und fleischig. Die Garnelenschwänze gibt es frisch, tiefgefroren oder in Dosen zu kaufen.

Zutaten für 4 Personen:
4 große Artischocken
Salz
100 g Crème fraîche
Saft von 1/2 Zitrone
1 Teel. mittelscharfer Senf
Pfeffer, frisch gemahlen
4 hartgekochte Eier
1 Zweig frischer Estragon, fein gehackt (ersatzweise 1 Messerspitze getrockneter Estragon)
100 g gegarte Garnelenschwänze
Salatblätter zum Garnieren

Für Gäste

Pro Portion etwa:
960 kJ/230 kcal
13 g Eiweiß · 15 g Fett
4 g Kohlenhydrate

- Zubereitungszeit: etwa 1 Stunde

1. Die Artischocken kalt abbrausen. Die äußeren, harten Blätter entfernen, die Spitzen der übrigen Blätter mit einer Küchenschere abschneiden. Die Stiele entfernen. Die Artischocken in leicht gesalzenem Wasser in etwa 25 Minuten garen.

2. Die Artischocken abtropfen und abkühlen lassen. Die Blätter abzupfen. Mit einem Teelöffel das weiche Fleisch aus dem Inneren der Blätter kratzen und in ein Schüsselchen geben.

3. Das Heu von den Böden entfernen. Die Crème fraîche, den Zitronensaft und den Senf mit dem Fleisch von den Blättern verkneten. Sparsam salzen, reichlich pfeffern. Die Eier pellen und längs halbieren. Die Eigelbe unter die Masse arbeiten. Den Estragon mit den Garnelenschwänzen dazugeben.

4. Die Artischockenböden und die Eihälften mit der Masse füllen. Artischocken und Eier auf einer großen Platte anrichten. Die Salatblätter waschen und trockentupfen. Das Gericht mit den Salatblättern garnieren. Kühl, jedoch nicht eiskalt servieren.

Cocktail de crevettes

Garnelencocktail

Tiefseegarnelen und Nordseekrabben (eigentlich eine Garnelen- und keine Krabbenart) können Sie gleichermaßen für diese Vorspeise verwenden. Sie paßt gut als »Entrée« eines festlichen Menüs.
Zu dem Cocktail passen statt Baguette dünn geschnittene, in wenig Butter gebratene Croûtons. Als Getränk reichen Sie am besten einen trockenen Weißwein, zum Beispiel Sancerre, Chablis oder einen feinen weißen Bordeaux. Er muß auf jeden Fall gut gekühlt sein.

Zutaten für 4 Personen:
1 Staude Stangensellerie
1 kleine Salatgurke
1 kleiner säuerlicher Apfel
2 Eßl. Zitronensaft
1 Bund Schnittlauch
80 g Walnußkerne
100 g Crème fraîche
Salz
Pfeffer, frisch gemahlen
1 Prise Cayennepfeffer
1 Teel. edelsüßes Paprikapulver
175 g gegarte Garnelenschwänze

Für Gäste • Schnell

Pro Portion etwa:
1200 kJ/300 kcal
13 g Eiweiß · 23 g Fett
10 g Kohlenhydrate

- Zubereitungszeit: etwa 55 Minuten (davon 30 Minuten Kühlzeit)

1. Vom Stangensellerie die äußeren, grünen Stangen entfernen, nur die inneren, hellgelben Stangen verwenden. Diese von den Blättchen und eventuellen Fäden befreien. Die Stangen in sehr feine Streifchen schneiden.

2. Die Salatgurke dünn abschälen und der Länge nach halbieren. Mit einem Teelöffel das weiche Innere und die Kerne entfernen. Das Fruchtfleisch klein würfeln. Den Apfel waschen, abreiben, vierteln, das Kerngehäuse entfernen und das Fruchtfleisch fein würfeln. Sofort mit 1 Eßlöffel Zitronensaft beträufeln.

3. Den Schnittlauch waschen, trockentupfen und in feine Röllchen schneiden. Die Walnußkerne halbieren. In einem Schüsselchen den Rest des Zitronensaftes mit der Crème fraîche verrühren, salzen, pfeffern und mit dem Cayennepfeffer und dem Paprikapulver pikant abschmecken. Die Sauce mit dem Schneebesen schaumig rühren.

4. Ein paar Garnelen zum Garnieren zurückbehalten. Die übrigen Salatzutaten in einer Schüssel miteinander vermengen, die Sauce dazugeben und alles vorsichtig mischen. Den Garnelencocktail auf Portionsschälchen verteilen und mit den restlichen Garnelen garnieren. Vor dem Servieren etwa 30 Minuten in den Kühlschrank stellen.

Céléri aux pommes

Sellerie mit Äpfeln

Eine leichte Vorspeise nicht nur für heiße Tage, sondern für alle Gelegenheiten, wenn einem der Sinn nach etwas Frischem steht. Gut geeignet für ein darauffolgendes opulentes Menü.

Zutaten für 4 Personen:
1/2 Staude Stangensellerie
2 säuerliche Äpfel
1 Eßl. Zitronensaft
1 Teel. scharfer Senf
3 Eßl. Olivenöl, kaltgepreßt
1 Eßl. Weinessig
Salz
Pfeffer, frisch gemahlen

Schnell

Pro Portion etwa:
410 kJ/98 kcal
1 g Eiweiß · 6 g Fett
10 g Kohlenhydrate

- Zubereitungszeit: etwa 20 Minuten

1. Den Sellerie waschen und abtrocknen. Eventuell vorhandene Fäden abziehen. Die Stangen in sehr feine Scheibchen schneiden.

2. Die Äpfel waschen, abreiben, vierteln und von den Kerngehäusen befreien. Das Fruchtfleisch fein würfeln und sofort mit dem Zitronensaft beträufeln.

3. Den Senf mit dem Öl und dem Essig verrühren. Sparsam salzen, reichlich pfeffern.

4. Die Apfelwürfel und die Selleriescheiben in einer Salatschüssel anrichten. Die Sauce dazugießen und alles gut durchmischen. Servieren.

Concombre farci

Gurke mit Nuß-Reis-Füllung

Zutaten für 4 Personen:
1 große Salatgurke
Salz
150 g Langkornreis
100 g Walnußkerne
1 Bund krause Petersilie
3 Eßl. Sahne
Saft von 1 Zitrone
1 Teel. scharfer Senf
Pfeffer, frisch gemahlen

Raffiniert

Pro Portion etwa:
1400 kJ/330 kcal
7 g Eiweiß · 19 g Fett
33 g Kohlenhydrate

- Zubereitungszeit: etwa 1 Stunde

1. Die Gurke gründlich waschen, abtrocknen und in der Mitte quer durchschneiden. Längs halbieren und mit einem Löffel das weiche Innere mit den Kernen entfernen. Dann mit einem Teelöffel das feste Fruchtfleisch aus der Schale heben. An der Schnittfläche einen kleinen Rand stehenlassen. Die Schale dabei möglichst nicht verletzen. Das Fruchtfleisch mit Salz bestreuen und Wasser ziehen lassen. Die Schalen im Kühlschrank aufbewahren.

2. Einen Topf mit Salzwasser zum Kochen aufsetzen. Den Reis waschen, in das sprudelnd kochende Wasser geben und offen in etwa 15 Minuten garen. Er soll noch »Biß« haben.

3. Inzwischen die Walnußkerne fein hacken. Die Petersilie waschen, trockenschütteln und ebenfalls fein hacken. Die Sahne in einer Schüssel mit den Nüssen mischen. Den Zitronensaft und den Senf unterrühren. Die Petersilie dazugeben. Die Mischung mit Salz und Pfeffer abschmecken und in den Kühlschrank stellen.

4. Den Reis in ein Sieb schütten und mit reichlich kaltem Wasser abspülen. Abkühlen lassen.

5. Das Gurkenfleisch abtropfen lassen und abtrocknen. In kleine Würfel schneiden. Mit dem Reis in die Sahne-Nuß-Mischung geben und alles gut vermengen.

6. Die Mischung in die Gurkenschalen füllen und alles bis zum Servieren in den Kühlschrank stellen.

Tip!
Raffinierter schmeckt der Salat, wenn Sie ihn mit Käsewürfeln oder Walnußkernen anreichern.

Im Bild vorne: Concombre farci, in ganzen Gurkenhälften angerichtet
Im Bild hinten: Céléri aux pommes

Carottes aux anchois

Geriebene Möhren mit Anchovis

In der französischen Küche werden wegen ihres würzigen Geschmacks häufig Sardellenfilets (Anchovis) verwendet. Diese Vorspeise schmeckt besonders gut mit jungen Möhren.

Zutaten für 4 Personen:
400 g junge Möhren
Saft von 1 Zitrone
1 hartgekochtes Ei
1 Teel. scharfer Senf
Salz
Pfeffer, frisch gemahlen
3 Eßl. Öl
12 grüne Oliven
4 Sardellenfilets (Anchovis)
je 1 Zweig krause Petersilie, Dill, Kerbel (ersatzweise 1 Eßl. tiefgefrorene gemischte Kräuter)

Gelingt leicht · Schnell

Pro Portion etwa:
540 kJ/130 kcal
5 g Eiweiß · 10 g Fett
5 g Kohlenhydrate

- Marinierzeit: etwa 1 Stunde
- Zubereitungszeit: etwa 30 Minuten

1. Die Möhren, wenn nötig, leicht schaben, waschen, abtrocknen und fein reiben. Die Hälfte des Zitronensaftes dazugeben, mischen und die Möhren etwa 1 Stunde marinieren.

2. Das Ei längs halbieren, das Eigelb herausheben und mit einer Gabel zermusen. Das Eigelb mit dem Senf verrühren. Sehr sparsam salzen, pfeffern und mit dem Rest des Zitronensaftes verrühren. Das Eiweiß hacken und alles mit dem Öl zu einer Salatsauce rühren.

3. Die Sauce über die Möhren gießen und den Salat gut durchmischen.

4. Die Oliven längs halbieren und entkernen. Die Sardellenfilets in feinste Streifchen schneiden und den Salat mit den Oliven und den Fischstreifchen garnieren.

5. Die Kräuter waschen, trockenschütteln und fein hacken. Zum Schluß über den Möhrensalat streuen. Tiefgefrorene Kräuter nicht auftauen, dann lassen sie sich am besten streuen. Den Salat kühl servieren, jedoch nicht noch einmal in den Kühlschrank stellen.

Salade niçoise

Nizza-Salat

Nizza-Salat bekommt man auch bei uns immer häufiger angeboten, und es verbergen sich die unterschiedlichsten Gerichte hinter dem Namen. Auch in Frankreich gibt es diesen Salat in vielen Varianten, üppiger oder leichter.

Zutaten für 4 Personen:
1 Kopf grüner Salat
500 g Tomaten
1 kleine Dose Thunfisch in Öl (50 g)
24 schwarze Oliven
3 Eßl. Olivenöl
1 Eßl. Weinessig
Salz
Pfeffer, frisch gemahlen
1 Messerspitze getrocknete provenzalische Kräuter

Preiswert · Schnell

Pro Portion etwa:
790 kJ/190 kcal
4 g Eiweiß · 17 g Fett
6 g Kohlenhydrate

- Zubereitungszeit: etwa 20 Minuten

1. Den Salat von den äußeren Blättern befreien, putzen und zerlegen. Die Blätter gründlich waschen und trockenschleudern. Auf vier Teller verteilen.

2. Die Tomaten waschen, in dünne Scheiben schneiden und auf den Salatblättern anrichten. Den Thunfisch abtropfen lassen, das Öl auffangen. Die Fischstücke etwas auseinanderzupfen und auf den Salat legen. Die Oliven dazugeben.

3. Das Öl vom Thunfisch mit dem Olivenöl und dem Essig verrühren, salzen und pfeffern. Die Sauce über den Salat gießen. Die Kräuter zwischen den Fingern zerreiben und darüber streuen. Mit Baguette und einem frischen provenzalischen Rosé servieren.

Variante:
In der Provence ißt man diesen Salat auch gern zwischen zwei Baguette-Hälften zum Picknick oder als Zwischenmahlzeit.

Bild oben: Carottes aux anchois
Bild unten: Salade niçoise

Omelette à l'oseille

Omelette mit Sauerampfer

Omelettes werden in Frankreich sehr häufig als Vorspeise gereicht.

Zutaten für 4 Personen:
2 Handvoll frischer Sauerampfer
1 Eßl. Öl
1 Teel. Butter
6 Eier
Salz
Pfeffer, frisch gemahlen
1 Eßl. Gänseschmalz

Preiswert · Schnell

Pro Portion etwa:
780 kJ/190 kcal
10 g Eiweiß · 16 g Fett
0 g Kohlenhydrate

- Zubereitungszeit: etwa 40 Minuten

1. Den Sauerampfer gründlich waschen und abtupfen. Die Blätter von der mittleren Rippe abstreifen oder abschneiden.

2. In einer Kasserolle das Öl und die Butter erhitzen. Wenn das Fett zu rauchen beginnt, die Sauerampferblätter in den Topf geben. Die Hitze reduzieren und die Blätter unter häufigem Umwenden zusammenfallen lassen. Wenn der Sauerampfer weich geworden ist, vom Herd nehmen und warm stellen.

2. Die Eier aufschlagen, 1 Eßlöffel kaltes Wasser dazugeben, salzen und pfeffern. Mit einer Gabel oder einem Schneebesen gründlich zu einer homogenen Masse schlagen.

3. In einer Bratpfanne das Schmalz sehr hoch erhitzen. Die Eier hineingeben. Mit einer Gabel immer wieder zur Mitte hin schieben, wenn sie zu stocken beginnen. Die Pfanne einige Male rütteln, damit die Omelette nicht anlegt.

4. Wenn die Masse gestockt, aber oben noch leicht flüssig ist, den Sauerampfer obenauf legen. Die Omelette auf eine Platte gleiten lassen und dabei zusammenklappen.

Variante:
Omelette mit Tomaten
3–4 kleine reife Tomaten überbrühen, häuten, quer halbieren und ohne die Kerne fein würfeln. In etwa 20 g Butter andünsten. Salzen, pfeffern. Die Omelette wie oben beschrieben bereiten und mit den Tomaten servieren.

Omelette froide à la ciboulette

Kalte Omelette mit Schnittlauch

Zutaten für 4 Personen:
6 Eier
Salz
Pfeffer, frisch gemahlen
1 Bund Schnittlauch
Butter zum Braten
1 Eßl. Sahne

Läßt sich gut vorbereiten

Pro Portion etwa:
800 kJ/190 kcal
10 g Eiweiß · 16 g Fett
1 g Kohlenhydrate

- Zubereitungszeit: etwa 20 Minuten

1. Die Eier aufschlagen, salzen und pfeffern. Mit einer Gabel zu einer homogenen Masse, jedoch nicht schaumig schlagen.

2. Den Schnittlauch waschen, trockenschütteln und in sehr feine Ringe schneiden. Zu der Eimasse geben, alles noch einmal gut mischen und leicht schlagen.

3. Die Butter in einer Pfanne erhitzen und die Eimasse dazugeben. Bei mittlerer Hitze stocken lassen, dabei mit einem Pfannenwender immer wieder zur Mitte schieben. Wenn die Omelette die gewünschte Konsistenz erreicht hat, die Sahne dazugeben. Noch einmal kurz erhitzen, bis die Sahne und die Eier eine homogene Masse bilden.

4. Die Omelette auf eine Platte gleiten lassen. Abkühlen lassen, jedoch nicht in den Kühlschrank stellen. Kalt servieren.

Im Bild vorne: Omelette froide à la ciboulette
Im Bild hinten: Omelette à l'oseille

Quiche lorraine

Lothringer Schinkentorte

Zutaten für eine Springform von 28 cm Ø:
Für den Teig:
125 g weiche Butter
200 g Mehl
3 Eßl. kaltes Wasser
Salz · Pfeffer, frisch gemahlen
1 Eßl. Emmentaler, frisch gerieben
1 Knoblauchzehe
Für den Belag:
5 Scheiben gekochter Schinken von je etwa 1 1/2 cm Dicke (etwa 500 g)
100 g milder roher Schinken in dünnen Scheiben
3–4 Zwiebeln
1 großes Bund gemischte Kräuter
3 Knoblauchzehen
5 Eier
Salz · Pfeffer, frisch gemahlen
200 g Emmentaler, frisch gerieben
200 g Sahne

Braucht etwas Zeit

Bei 6 Personen pro Portion etwa:
3420 kJ/800 kcal
39 g Eiweiß · 60 g Fett
23 g Kohlenhydrate

- Zubereitungszeit: etwa 2 3/4 Stunden (davon 55 Minuten Backzeit)

1. Für den Teig die Butter in einer großen Schüssel mit dem Mehl verkneten. Das Wasser dazugeben, salzen und pfeffern. Den Käse untermischen. Den Knoblauch schälen und dazupressen. Alles gut verkneten und den Teig etwa 1 Stunde kühl stellen.

2. Inzwischen für den Belag den Schinken fein würfeln. Die Zwiebeln schälen und fein hacken. Die Kräuter fein hacken. Alles miteinander vermengen. Den Knoblauch schälen und dazupressen.

3. Die Eier in eine andere Schüssel schlagen, salzen und pfeffern. Den Käse dazugeben und alles gut vermengen. Die Sahne unterrühren. Den Backofen auf 200° vorheizen.

4. Den Teig durchkneten, vorsichtig ausrollen und in die Form legen. Einen Rand von etwa 2 cm hochziehen. Im Backofen (Mitte) etwa 10 Minuten vorbacken.

5. Die Schinken-Kräuter auf dem Teig verteilen. Die Ei-Käse-Masse darüber gießen.

6. Die Quiche im Backofen (Mitte) in etwa 45 Minuten fertig backen. Lauwarm servieren.

Tarte au fromage

Käsetorte

Zutaten für eine Springform von 28 cm Ø:
Für den Teig:
250 g Mehl · Salz
125 g weiche Butter
1 Ei
1 1/2–2 Eßlöffel kaltes Wasser
Für den Belag:
250 g Greyerzer Käse
4 Eier · 200 g Sahne
1 Messerspitze Muskatnuß, frisch gerieben
Cayennepfeffer
Pfeffer, frisch gemahlen
eventuell Salz

Gelingt leicht

Bei 6 Personen pro Portion etwa:
2500 kJ/600 kcal
19 g Eiweiß · 44 g Fett
34 g Kohlenhydrate

- Zubereitungszeit: etwa 1 1/2 Stunden (davon 45 Minuten Ruhezeit und 30 Minuten Backzeit)

1. Für den Teig das Mehl in eine Schüssel sieben und leicht salzen. Die Butter dazugeben und alles gut verkneten. Das Ei dazukneten. Den Teig mit dem Wasser geschmeidiger machen. Alles noch einmal gut durchkneten und mindestens 1 Stunde an einem kühlen Ort ruhen lassen.

2. Inzwischen für den Belag den Käse grob reiben. Die Eier mit der Sahne untermischen. Mit dem Muskat, ganz wenig Cayennepfeffer und Pfeffer würzen, eventuell leicht salzen. Den Backofen auf 200° vorheizen.

3. Den Teig ausrollen. In die Form legen, mit einer Gabel einstechen und im Backofen (Mitte) etwa 15 Minuten vorbacken.

4. Die Käsemasse auf der Teigplatte verteilen. Den Käsekuchen bei 250° in etwa 15 Minuten goldgelb backen.

Im Bild vorne: Quiche lorraine
Im Bild hinten: Tarte au fromage

Terrine de campagne

Kaninchenterrine ländliche Art

Zu den klassischen Vorspeisen in Frankreich gehören die zahlreichen Terrinen und Pasteten. Die Terrine ist ein Gericht, dessen Füllung in der Form ohne Teigmantel gegart und serviert wird, eine Pastete dagegen ist immer umhüllt.

Zutaten für eine Terrinenform von etwa 1 1/2 l Inhalt:
1 küchenfertiges Kaninchen (1,3–1,5 kg)
225 g durchwachsener Räucherspeck
225 g fetter Räucherspeck
3–4 Eßl. gemischte Kräuter (Thymian, Majoran, Salbei, Lorbeer; oder 1 Eßl. getrocknete Kräuter)
1 Eßl. Semmelbrösel
1 Prise Muskatnuß, frisch gerieben
Salz
Pfeffer, frisch gemahlen
2 Eier
2 Eßl. Cognac
1 Bund Petersilie
1 Eßl. Butter
Zum Garnieren:
Lorbeerblätter
1 hartes Ei
Petersilienzweige

Für Gäste

Bei 8 Personen pro Portion etwa:
2700 kJ/640 kcal
30 g Eiweiß · 57 g Fett
1 g Kohlenhydrate

- Zubereitungszeit: etwa 3 Stunden (davon 1 1/2 Stunden Garzeit)
- Kühlzeit: 24 Stunden

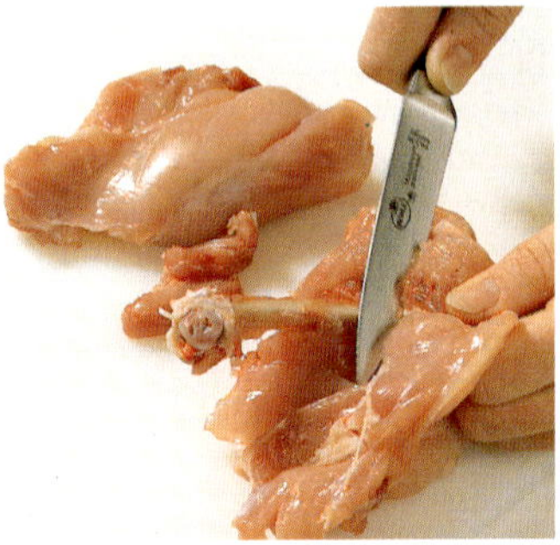

1. Das Kaninchenfleisch mit einem spitzen Messer von den Knochen lösen. Das Fleisch kalt abbrausen und abtrocknen. Mit dem elektrischen Fleischwolf zerkleinern. In eine große Schüssel geben.

2. Den durchwachsenen Speck fein würfeln. Den fetten Speck in dünne Scheiben schneiden. Die Terrinenform damit auskleiden. Den Rest fein würfeln. Die Speckwürfel unter das gehackte Fleisch kneten.

3. Die Kräuter waschen und abtrocknen. Die Blättchen von den Stielen streifen und fein hacken. Zusammen mit den Semmelbröseln und dem Muskat an die Fleischmasse geben und untermischen. Mit Salz und Pfeffer abschmecken. Den Backofen auf 250° vorheizen.

4. Die Eier in einer Tasse mit dem Cognac verschlagen. Die Petersilie waschen, abtrocknen und hacken. Alles an die Masse geben und gut durchkneten. Den Fleischteig in die Terrinenform füllen und oben mit dem Löffelrücken glattstreichen.

5. Die Butter zerlassen. Ein Blatt Butterbrotpapier so zuschneiden, daß es die Oberfläche der Fleischmasse abdeckt. Mit der zerlassenen Butter bepinseln und auf die Füllung legen. Den Deckel der Terrine aufsetzen. Die Terrine in einen halbhoch mit Wasser gefüllten Bräter oder großen Topf stellen.

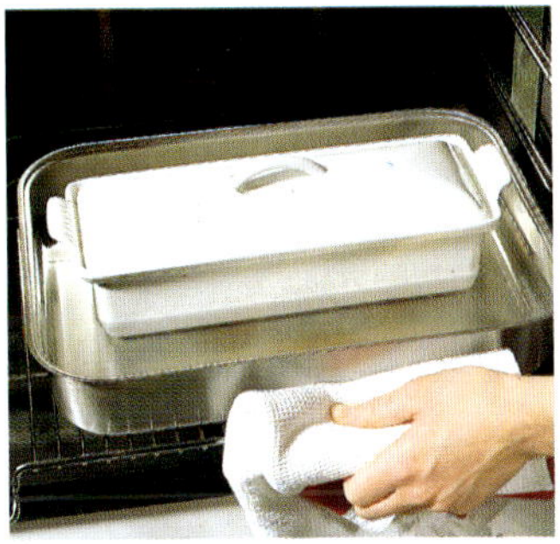

6. Den Bratrost in den Backofen (unten) schieben und den Topf darauf stellen. Wenn das Wasser im Topf kocht, die Hitze auf 200° reduzieren. Die Terrine in etwa 1 1/2 Stunden garen.

7. Die Terrine aus dem Ofen nehmen und den Deckel abheben. Ein Küchenbrett auf das Butterbrotpapier in die Form legen und ein Gewicht (zum Beispiel einen Stein oder eine volle Konservendose) darauf stellen, um das Fett aus der Masse herauszupressen. Die Terrine mindestens 1 Tag kühl stellen.

8. Am nächsten Tag das Gewicht entfernen und die Terrine nach Geschmack mit ganzen Lorbeerblättern, Petersilienzweigen oder Eischeiben garniert servieren. Dazu passen ein leichter, heller Rotwein oder ein Rosé sowie helles oder dunkles Stangenbrot.

Tip!

Um das Kaninchenfleisch zu zerkleinern, brauchen Sie unbedingt einen elektrischen Fleischwolf, da das Fleisch zwar zart ist, aber sehr viele Häutchen enthält, die ein handbetriebenes Gerät verstopfen würden. Es lohnt sich, von der Terrine die doppelte Menge entweder in einer großen oder zwei normalen Terrinenformen herzustellen und die zweite Hälfte im Kühlschrank aufzubewahren. Terrine de campagne schmeckt, mit Salat serviert, auch gut als Zwischengericht.

Potage provençal

Provenzalische Sommersuppe

Zutaten für 4 Personen:
2 Gemüsezwiebeln
1 kg reife Tomaten
1 Knoblauchzehe
1 Bouquet garni (Gewürzsträußchen aus 1 Lorbeerblatt und 1–2 Zweigen Thymian, wahlweise etwas Fenchel)
1 Bund Petersilie
2–3 Eßl. Olivenöl
1 l Wasser
2 Eßl. Mehl
Salz
Pfeffer, frisch gemahlen

Preiswert

Pro Portion etwa:
550 kJ/130 kcal
4 g Eiweiß · 7 g Fett
16 g Kohlenhydrate

- Zubereitungszeit: etwa 1 1/2 Stunden

1. Die Zwiebeln schälen und in Ringe schneiden. Die Tomaten waschen und vierteln. Das Bouquet mit Küchengarn binden, getrocknete Kräuter in ein Mullsäckchen stecken. Die Petersilie waschen und trockenschütteln.

2. Das Öl in einem Suppentopf erhitzen. Die Zwiebeln darin glasig anbraten. Die Tomaten dazugeben. Den Knoblauch schälen und dazugeben. Alles unter Umrühren etwa 5 Minuten schmoren. Das Bouquet garni und die Petersilie im Ganzen dazugeben. Das Wasser angießen und die Suppe etwa 1 Stunde bei mittlerer Hitze kochen lassen.

3. Die Suppe durch ein Sieb passieren, dabei das Bouquet herausnehmen.

4. Das Mehl mit ein wenig Suppe verquirlen und an die Suppe geben. Die Suppe noch einmal etwa 15 Minuten bei schwacher Hitze köcheln lassen. Erst jetzt mit Salz und Pfeffer abschmecken und heiß servieren.

Soupe à l'oignon

Pariser Zwiebelsuppe

Eine Spezialität aus Paris, wo sie bei Nachtschwärmern rund um die alten Markthallen große Beliebtheit genoß. Nach dem Abbruch der Hallen ist auch das Zwiebelsuppen-Paradies verschwunden, ein Teil der Lokale ist ins Marais abgewandert.

Zutaten für 4 Personen:
3 mittlere Zwiebeln oder
1 große Gemüsezwiebel
30 g Butter
2 Teel. Mehl
1 l leichte Fleischbrühe (aus Fond, ersatzweise Instant)
Salz
Pfeffer, frisch gemahlen
4 größere oder 8 kleine dünne Scheiben Weißbrot
eventuell 1 Schnapsglas Cognac oder Portwein (2 cl)
75 g Greyerzer Käse, frisch gerieben

Spezialität

Pro Portion etwa:
1700 kJ/400 kcal
14 g Eiweiß · 15 g Fett
52 g Kohlenhydrate

- Zubereitungszeit: etwa 50 Minuten

1. Die Zwiebeln schälen und fein hacken. Die Butter in einem kleinen Suppentopf zerlassen und die Zwiebeln darin bei schwacher Hitze goldgelb und weich braten. Das Mehl darüber stäuben und unterrühren. Die Fleischbrühe dazugießen. Salzen und pfeffern. Die Suppe zugedeckt 15–20 Minuten kochen lassen.

2. Den Backofen auf 250° vorheizen.

3. Das Brot hell toasten oder ohne Fett in der Pfanne rösten. Je 1 oder 2 Scheiben auf vier feuerfeste Suppentassen verteilen.

4. Die fertige heiße Suppe über das Brot in den Tassen gießen. Nach Geschmack mit Cognac oder Portwein parfümieren. Den Käse obenauf streuen.

5. Die Suppe im Backofen (Mitte) in etwa 7 Minuten goldgelb überbacken. Heiß servieren.

Im Bild vorne: Potage provençal
Im Bild hinten: Soupe à l'oignon

Potage d'herbes

Grüne Suppe

Zutaten für 4 Personen:
je 2 Handvoll Spinat, Sauerampfer und Kopfsalatblätter
je 1 Handvoll Kerbel, Portulak und Kresse
2 Stangen Lauch
3–4 mittelgroße Kartoffeln
100 g Butter
2 l Wasser
8 dünne Scheiben Stangenweißbrot
Salz

Gelingt leicht

Pro Portion etwa:
1500 kJ/360 kcal
6 g Eiweiß · 22 g Fett
32 g Kohlenhydrate

- Zubereitungszeit: etwa 50 Minuten

1. Den Spinat, den Sauerampfer, die Salatblätter und die Kräuter gründlich waschen und trockentupfen oder -schleudern. Alles kleinschneiden. Den Lauch waschen, längs vierteln, das Grün entfernen und die weißen Enden sehr fein schneiden. Die Kartoffeln schälen, in feine Scheiben schneiden und kurz in kaltes Wasser legen, damit sie nicht braun werden.

2. In einem dickwandigen Suppentopf 80 g Butter zerlassen und die grünen Blätter mit den Kräutern hineingeben. Die Blätter zusammenfallen lassen, umrühren. Den Lauch dazugeben und alles 5–7 Minuten bei mittlerer Hitze anschmoren. Das Wasser angießen. Die Kartoffeln dazugeben. Die Suppe zugedeckt bei mittlerer Hitze 20–25 Minuten kochen lassen.

3. Inzwischen die restliche Butter in einer Pfanne zerlassen und die Brotscheiben nach Belieben anbraten. Die Scheiben in eine Suppenterrine legen.

4. Die Suppe durch ein feines Sieb passieren, aufkochen lassen und salzen. Sehr heiß über die Brotscheiben gießen und sofort servieren.

Tourain

Tomatensuppe mit Käse

Tourain ist eine Spezialität des Périgord und des Quercy. Es gibt sie in zahlreichen Varianten. Dies ist die Grundversion.

Zutaten für 4 Personen:
350 g Tomaten
1 l Wasser
2 große Gemüsezwiebeln
1 Eßl. Gänseschmalz
1 Knoblauchzehe
2 Teel. Mehl
Salz
Pfeffer, frisch gemahlen
4 sehr dünne Scheiben Bauernbrot
100 ml Portwein
4 Eßl. Greyerzer Käse, frisch gerieben

Gelingt leicht • Preiswert

Pro Portion etwa:
1100 kJ/260 kcal
8 g Eiweiß · 8 g Fett
32 g Kohlenhydrate

- Zubereitungszeit: etwa 50 Minuten

1. Die Tomaten kochendheiß überbrühen und häuten. Die Früchte halbieren, die Kerne herausdrücken und das Fruchtfleisch würfeln.

2. Die Tomaten mit dem Wasser bei mittlerer Hitze etwa 10 Minuten kochen.

3. Inzwischen die Zwiebeln schälen und kleinschneiden. In einer Pfanne das Gänseschmalz zerlassen und die Zwiebeln darin glasig braten. Den Knoblauch schälen und dazupressen. Das Mehl anstäuben, durchrühren, dabei das Mehl leicht anrösten. Die Einbrenne mit etwas Tomatensuppe ablöschen. Die Masse vom Pfannenboden lösen und in die Suppe geben. Mit Salz und Pfeffer abschmecken, etwa 30 Minuten bei schwacher Hitze köcheln lassen.

4. Inzwischen die Brotscheiben halbieren und ohne Fett in der Pfanne trocken rösten. 4 Hälften in eine Suppenterrine legen oder auf vier Teller verteilen. Den Käse darauf streuen und mit den anderen Brothälften zudecken.

5. Die Suppe mit dem Portwein abschmecken, dann durch ein Sieb passieren und noch einmal kurz erhitzen. Die Suppe über die Brotscheiben in der Terrine gießen. Sofort servieren.

Im Bild vorne: Potage d'herbes
Im Bild hinten: Tourain

Potage aux meuniers

Feine Hühnersuppe mit Pilzen

Diese Suppe stammt aus der Normandie. Dort wird sie gerne mit Wildpilzen wie Pfifferlingen, Steinpilzen oder Maronen zubereitet. Aus den Äpfeln der Region werden Cidre (Apfelmost) und Calvados (Apfelschnaps) bereitet, beides häufige Bestandteile der regionalen Küche.

Zutaten für 4 Personen:
1/2 l Hühnerbrühe
250 g Hähnchenbrustfilets
100 g Butter
2 Eßl. Mehl
etwa 1 1/4 l Milch
1 Prise Muskatnuß, frisch gerieben
350 g Champignons oder Egerlinge
1 Teel. Zitronensaft
1 Bund Petersilie
Salz
Pfeffer, frisch gemahlen
1 Eßl. Calvados
4 Eigelb
200 g Crème fraîche

Raffiniert · Spezialität

Pro Portion etwa:
3100 kJ/740 kcal
32 g Eiweiß · 59 g Fett
22 g Kohlenhydrate

- Zubereitungszeit: etwa 2 1/4 Stunden

1. In einer kleinen Kasserolle die Hühnerbrühe zum Kochen bringen. Die Hähnchenbrustfilets waschen, in die Brühe geben und etwa 20 Minuten garen. Das Fleisch mit einem Schaumlöffel herausheben und in sehr kleine Würfel schneiden. Beiseite stellen.

2. Etwa 25 g Butter in einer Stielkasserolle zerlassen, das Mehl anstäuben und etwa 200 ml Milch mit dem Schneebesen unterrühren. Bei schwacher Hitze etwa 15 Minuten kochen lassen, bis eine sämige Béchamelsauce entstanden ist. Mit dem Muskat würzen. Die Sauce beiseite stellen.

3. Die Pilze sorgfältig putzen und abreiben, nicht waschen. Mit dem Blitzhacker pürieren.

4. 20 g Butter mit dem Zitronensaft in eine feuerfeste Glasform oder einen Emailtopf geben. Die Petersilie kurz abbrausen und im Ganzen dazugeben. Die Form aufsetzen, das Pilzpüree dazugeben und alles unter häufigem Umrühren erhitzen, bis die Flüssigkeit von den Pilzen eingekocht ist. Mit Salz und Pfeffer abschmecken. Die Béchamelsauce hinzufügen und alles noch einmal etwa 1 Minute unter ständigem Umrühren erhitzen. Die Form vom Herd nehmen und das Petersiliensträußchen entfernen. Das Pilzpüree zugedeckt beiseite stellen.

5. Den Rest der Milch erhitzen. Das Hühnerfleisch mit dem Calvados pürieren. Etwa 1/4 l von der heißen Milch dazugießen und alles durch ein feines Sieb passieren. Mit dem Pilzpüree mischen. Die Mischung in einen dickwandigen Emailtopf geben und die restliche Milch angießen. Eventuell nachwürzen. Die Mischung unter Umrühren langsam erwärmen.

6. Die Eigelbe mit der Crème fraîche verschlagen. Die restliche Butter in Flöckchen in eine vorgewärmte Suppenterrine geben.

7. Die Suppe von der Kochstelle nehmen und die Ei-Sahne-Mischung hineinrühren. Die Suppe noch einmal erwärmen, jedoch nicht kochen lassen und in die Terrine gießen. Sofort servieren.

Tip!

Statt nur Hähnchenbrustfilets kochen Sie ein großes Suppenhuhn, entnehmen so viel weißes Hühnerfleisch, wie Sie für die Suppe benötigen und verwenden den Rest am nächsten Tag für ein Hühnerfrikassee oder kalt für einen Salat mit Huhn.

Eine feine Suppe, die gut in ein edles Menü paßt, ist die Potage aux meuniers aus der Normandie.

Bouillabaisse

Provenzalischer Fischeintopf

Bouillabaisse gibt es an der ganzen provenzalischen Küste in vielen Varianten. Seit es auch bei uns Mittelmeerfische, frisch oder tiefgefroren, zu kaufen gibt, können wir in unseren nordischen Breiten diese köstliche, würzige Spezialität mühelos zubereiten.

Zutaten für 4 Personen:

Für die Suppe:

- *1 kg tiefgefrorene Mittelmeerfische*
- *1 Zwiebel*
- *4 mittelgroße Kartoffeln*
- *4 Fleischtomaten*
- *4 Eßl. Olivenöl*
- *1 Bund Petersilie*
- *4 Lorbeerblätter*
- *Salz*
- *Pfeffer, frisch gemahlen*
- *4 Päckchen Safran*
- *4 Knoblauchzehen*
- *1 l Wasser*
- *8 dünne Scheiben Stangenweißbrot*

Für die Rouille:

- *1 Knoblauchzehe*
- *1 scharfe Pfefferschote, getrocknet*
- *1 Scheibe trockenes Weißbrot ohne Rinde*
- *200 ml Olivenöl, kaltgepreßt*

Für Gäste

Pro Portion etwa:
3800 kJ/900 kcal
40 g Eiweiß · 68 g Fett
34 g Kohlenhydrate

- Auftauzeit für die Fische: etwa 2 Stunden
- Zubereitungszeit: etwa 1 Stunde 20 Minuten

1. Für die Suppe die Fische bei Raumtemperatur auftauen lassen. Die aufgetauten Fische kalt abspülen, wenn notwendig, schuppen und ausnehmen. Die Köpfe und Schwänze abschneiden, die Flossen mit den daran hängenden Gräten entfernen und alles wegwerfen. Große Fische in Portionsstücke teilen.

2. Die Zwiebel schälen und kleinschneiden. Die Kartoffeln schälen und auf dem Gemüsehobel fein hobeln. Die Tomaten kochendheiß überbrühen und häuten. Die Kerne herausdrücken und das Fruchtfleisch fein würfeln.

3. In einem großen Topf das Öl erhitzen und die Zwiebel darin glasig braten. Die Kartoffeln dazugeben und kurz mitbraten. Die Tomaten, das Bund Petersilie, die Lorbeerblätter, Salz, Pfeffer und den Safran dazugeben. Den Knoblauch schälen und dazudrücken. Die Hitze reduzieren und alles etwa 10 Minuten köcheln lassen.

4. Inzwischen das Wasser zum Kochen bringen. Die Fische in den Schmortopf legen, kurz mitköcheln lassen, dann das kochende Wasser dazugießen. Die Hitze wieder erhöhen und die Suppe 15–20 Minuten kochen lassen.

5. Während die Suppe kocht, die Rouille zubereiten. Den Knoblauch schälen und in einem Mörser zusammen mit der Pfefferschote zerdrücken. Das Brot in etwas warmem Wasser einweichen, ausdrücken und mit den Gewürzen verarbeiten. Das Öl in dünnem Strahl einfließen lassen und unterarbeiten.

6. Das Weißbrot in einer Pfanne ohne Fett rösten oder toasten. In eine vorgewärmte Suppenterrine legen.

7. Die Fische mit einem Schaumlöffel vorsichtig aus dem Sud heben und auf einer Platte anrichten. Das Gemüse ringsherum anordnen. Den Fischsud über die Brotscheiben in der Terrine gießen.

8. Vor jeden Gast einen flachen und einen tiefen Teller stellen. Die Fische auf dem flachen Teller entgräten und in den tiefen Teller geben. Die Gemüse dazugeben und den Sud mit den Brotscheiben darüber gießen. Die Rouille dazu reichen. Reichlich Stangenweißbrot und ein Rosé aus der Provence passen gut zu diesem Gericht.

Variante für die Rouille:
Wenn Sie die Rouille mit Weißbrot zu kompliziert finden oder Weißbrot in Verbindung mit Olivenöl nicht so gern mögen, probieren Sie einmal die folgende Variante: 2 Eßlöffel selbstgemachte oder gekaufte Mayonnaise mit ein paar Tropfen Tabascosauce mischen und 1 Schöpflöffel sehr heißen Fischsud darüber gießen. Schnell umrühren.

Mittelmeerfische
Tiefgefrorene, mitunter auch frische Mittelmeerfische finden Sie in größeren Supermärkten, aber auch in Geschäften für südländische Spezialitäten. Wir verwenden gern Gelbstriemen, Sardinen, Seehecht oder andere grätenarme Fische. Brassen dagegen haben viele Gräten und machen viel Arbeit bei Tisch.

Truites Valentré

Forellen mit Rotweinsauce

Das Rezept stammt aus der Gegend von Cahors in Südwestfrankreich, und der Wein aus diesem Gebiet, ein fast schwarzer Rotwein, gibt dem Gericht seine besondere Note.

Zutaten für 4 Personen:
8 Schalotten
4 küchenfertige Forellen
Salz
Pfeffer, frisch gemahlen
75 g Butter
350 ml alter Cahors-Rotwein
(oder ein anderer guter Rotwein)
4 Eßl. Fischfond (aus dem Glas)
6 Eßl. Crème fraîche
2 Eßl. Fleischextrakt

Für Gäste · Raffiniert

Pro Portion etwa:
2600 kJ/620 kcal
45 g Eiweiß · 38 g Fett
6 g Kohlenhydrate

- Zubereitungszeit: etwa 45 Minuten

1. Die Schalotten schälen und sehr fein hacken. Die Forellen innen und außen kalt abspülen und vorsichtig trockentupfen. Die Schalottenwürfel in die Bauchöffnungen geben, salzen und pfeffern.

2. Eine große feuerfeste Form dick ausbuttern. Die Forellen darin anordnen. Den Rotwein und den Fischfond mischen und darüber gießen.

3. Die Form in den kalten Backofen (Mitte) stellen, bei 150° in etwa 30 Minuten, je nach Größe der Forellen, garen.

4. Die Forellen häuten und auf einer Platte warm stellen.

5. Den Weinsud in einer Kasserolle bei mittlerer Hitze einkochen lassen. Die Crème fraîche dazugeben, kurz erhitzen und zum Schluß mit dem Fleischextrakt abschmecken. Eventuell mit Salz und Pfeffer nachwürzen. Die Sauce durch ein Sieb über die Forellen gießen.

Carpe au vin rouge

Karpfen in Burgundersauce

Zutaten für 4 Personen:
1 küchenfertiger, ausgenommener
Karpfen (etwa 1 1/2 kg)
Salz
Pfeffer, frisch gemahlen
1 Messerspitze Muskatnuß,
frisch gerieben
1 Bouquet garni (Gewürzsträußchen
aus 1 Zweig Thymian, 1 Lorbeerblatt,
2 Stengeln Petersilie)
1 große Zwiebel
1/2 l Burgunder Rotwein
2 Sardellenfilets (Anchovis)
50 g Butter
1 Eßl. Mehl
1–2 Eßl. Kapern

Für Gäste

Pro Portion etwa:
2700 kJ/640 kcal
69 g Eiweiß · 29 g Fett
4 g Kohlenhydrate

- Zubereitungszeit: etwa 2 Stunden (davon 1 Stunde Ruhezeit)

1. Den Karpfen kalt abbrausen und trockentupfen. Der Faser entlang, also vom Rücken zum Bauch hin, mehrmals einschneiden. Die Einschnitte und das Innere salzen, pfeffern und mit dem Muskat würzen. Das Bouquet in die Bauchöffnung stecken. Die Zwiebel schälen, fein hacken und in eine flache Schüssel geben. Den Karpfen darauf legen und etwa 1 Stunde ruhen lassen, einmal wenden.

2. Den Backofen auf 220° vorheizen. Den Karpfen in einen weiten Topf legen und mit dem Rotwein übergießen. Das Gericht auf dem Herd bei starker Hitze ankochen, dann in den Backofen (Mitte) schieben und in etwa 30 Minuten fertig garen.

3. Inzwischen die Sardellen etwa 20 Minuten wässern. In einem Mörser mit 1 Teelöffel Butter zerstoßen. Die restliche Butter mit dem Mehl verkneten und zu einer Kugel formen.

4. Den Karpfen häuten, das Bouquet entfernen und den Fisch warm stellen. Den Kochsud durch ein Sieb gießen und mit dem Butter-Mehl-Klößchen verrühren. Die Sauce etwas einkochen lassen. Die Sardellen dazugeben, die Kapern abtropfen lassen und einstreuen. Die Sauce über den Fisch gießen. Sehr heiß mit Brot servieren.

Im Bild vorne: Carpe au vin rouge
Im Bild hinten: Truites Valentré

Sole au champagne

Seezunge in Champagner

Zutaten für 4 Personen:
30 g Butter
800 g Seezungenfilets
8 Schalotten
375 ml Champagner
(oder trockener Weißwein)
Salz · Pfeffer, frisch gemahlen
1 Eßl. Mehl

Raffiniert · Schnell

Pro Portion etwa:
1400 kJ/300 kcal
35 g Eiweiß · 9 g Fett
10 g Kohlenhydrate

- Zubereitungszeit: etwa 30 Minuten

1. Eine feuerfeste Form ausbuttern. Den Backofen auf 250° vorheizen. Die Fischfilets kalt abbrausen, trockentupfen und in die Form legen.

2. Die Schalotten schälen und sehr fein hacken. Auf den Fischfilets verteilen. Den Champagner oder den Weißwein darüber gießen. Salzen und pfeffern. Die Fische im Backofen (Mitte) etwa 10 Minuten garen.

3. In einer Stielkasserole die restliche Butter zerlassen und das Mehl anstäuben. Mit einem Holzlöffel umrühren, das Mehl nicht bräunen lassen. Den Fisch aus dem Ofen nehmen und warm stellen. Den Sud in die Kasserolle gießen und die Sauce bei mittlerer Hitze mit einem Schneebesen schlagen. Wenn die Sauce etwas Konsistenz angenommen hat, den Fisch sofort servieren, nach Belieben mit gehackten Kräutern bestreuen.

Thon à la provençale

Thunfisch mit Tomatensauce

Zutaten für 4 Personen:
1 Scheibe frischer Thunfisch
(etwa 750 g)
5 Sardellenfilets (Anchovis)
etwa 200 ml Olivenöl
1 Bouquet garni (Gewürzsträußchen
aus 1 Zweig Thymian, 1 Lorbeerblatt,
2 Stengeln Petersilie)
Saft von 1 Zitrone
1 Zwiebel
2 Fleischtomaten
2 Knoblauchzehen
Salz
Pfeffer, frisch gemahlen
etwa 200 ml trockener Weißwein

Gelingt leicht

Pro Portion etwa:
2900 kJ/690 kcal
43 g Eiweiß · 47 g Fett
6 g Kohlenhydrate

- Zubereitungszeit: etwa 2 Stunden (davon 1 Stunde Marinierzeit)

1. Den Thunfisch kalt abbrausen und trockentupfen. Die Sardellen längs halbieren. Mit Hilfe eines spitzen Messers den Fisch mit den Sardellenstreifchen spicken. Etwa drei Viertel des Öls in eine Schüssel geben. Das Bouquet garni mit Küchengarn binden, getrocknete Kräuter in ein Mullsäckchen stecken. Das Bouquet und den Zitronensaft zum Öl geben und den Fisch in die Marinade legen. Etwa 1 Stunde in der Marinade liegen lassen, ab und zu umdrehen.

2. Die Zwiebel schälen und kleinschneiden. Die Tomaten kochendheiß überbrühen und häuten. Die Kerne herausdrücken und das Fruchtfleisch würfeln.

3. Den Fisch aus der Marinade heben. Den Rest des Öls in einen dickwandigen Schmortopf geben, die Zwiebel darin glasig braten, die Tomaten dazugeben. Alles bei mittlerer Hitze unter Umrühren ein paar Minuten schmoren. Den Knoblauch schälen und dazudrücken. Den Fisch obenauf legen, salzen und pfeffern. Den Wein angießen. Den Fisch zugedeckt bei schwacher Hitze in etwa 45 Minuten garen. Wenn notwendig, zum Schluß noch etwas Wein oder Wasser angießen.

4. Den Fisch aus dem Sud nehmen und auf einer vorgewärmten Platte anrichten. Die Sauce durch ein Sieb passieren und auf dem Fisch verteilen.

Bild oben: Sole au champagne
Bild unten: Thon à la provençale

MOET

Médaillons de bœuf à la marseillaise

Rindersteaks mit Tomaten und Kräuterbutter

Zutaten für 4 Personen:
2–3 Knoblauchzehen
2 Schalotten
120 g weiche Butter
1/2 Bund Petersilie, fein gehackt
4 kleine, reife Tomaten
2 Eßl. Öl
4 Filetsteaks vom Rind (oder Lendenschnitten)
Salz · Pfeffer, grob geschrotet
4 große schwarze Oliven
4 Sardellenfilets (Anchovis)

Gelingt leicht

Pro Portion etwa:
2300 kJ/550 kcal
42 g Eiweiß · 41 g Fett
4 g Kohlenhydrate

- Zubereitungszeit: etwa 35 Minuten

1. Den Knoblauch schälen. Die Schalotten schälen und fein reiben. Die Butter zerdrücken und leicht cremig schlagen. Den Knoblauch dazudrücken, die Petersilie und die Schalotten untermischen. Die Kräuterbutter zu einer Rolle formen, in Butterbrotpapier wickeln und in den Kühlschrank legen.

2. Die Tomaten kochendheiß überbrühen, häuten und halbieren. Die Kerne herausdrücken und das Fruchtfleisch fein würfeln. In dem Öl zu einer homogenen Masse schmoren.

3. Das Fleisch in der restlichen Butter je nach Geschmack englisch oder medium braten. Auf vorgewärmten Tellern anrichten. Salzen und pfeffern.

4. In die Mitte jeder Fleischscheibe je 1 Eßlöffel Tomatenmus geben, je 1 Olive darauf setzen. Die Sardellen ringsherum anordnen. Die Butter in 8 runde Scheiben schneiden. Je 2 Scheiben Kräuterbutter links und rechts anordnen. Sehr heiß servieren.

Bœuf en daube

Rindfleisch in Rotwein

Zutaten für 4 Personen:
Speckschwarten zum Auslegen des Topfes, möglichst ungeräuchert
750 g Rindfleisch (Wadschenkel oder Schulter)
200 g durchwachsener Räucherspeck
4 Knoblauchzehen
6 Schalotten
2 Bund Petersilie, fein gehackt
Salz · Pfeffer, frisch gemahlen
1 Zwiebel
3 Nelken
1 Bouquet garni (Gewürzsträußchen aus 1 Lorbeerblatt, 1 Zweig Thymian, 2 Stengeln Petersilie)
1 Messerspitze Vier-Gewürze-Mischung
375 ml guter, kräftiger Rotwein

Braucht etwas Zeit

Pro Portion etwa:
2800 kJ/670 kcal
45 g Eiweiß · 46 g Fett
5 g Kohlenhydrate

- Zubereitungszeit: 5 1/2–6 1/2 Stunden (davon 5–6 Stunden Garzeit)

1. Wasser zum Kochen bringen und die Speckschwarten hineingeben. Kurz aufkochen lassen, den Speck herausnehmen und auf Küchenpapier legen.

2. Inzwischen das Fleisch in etwa 1 1/2 cm dicke Scheiben, diese in Streifen schneiden.

3. Den Räucherspeck in Würfel schneiden. Den Knoblauch und die Schalotten schälen und fein hacken. Mit der Petersilie in einer Schüssel vermengen.

4. Einen gußeisernen Schmortopf mit den Speckschwarten auslegen. Die Hälfte des Rindfleischs darauf legen, salzen und pfeffern. Die Hälfte der Kräuter-Schalotten-Mischung darauf verteilen, das restliche Fleisch darauf legen. Wieder salzen und pfeffern und den Rest der Mischung obenauf verteilen. Die Zwiebel schälen und mit den Nelken spicken. Das Bouquet garni mit der Zwiebel und der Vier-Gewürze-Mischung in den Topf geben. Den Rotwein angießen. Den Topf fest schließen und das Gericht in 5–6 Stunden bei ganz schwacher Hitze garen.

5. Die Sauce entfetten, das Bouquet und die Zwiebel entfernen.

Im Bild vorne: Médaillons de bœuf à la marseillaise
Im Bild hinten: Bœuf en daube

Veau sauté Marengo

Kalbfleisch mit Tomaten und Champignons

Der Name Marengo erinnert an ein italienisches Dorf, wo Napoleon einst die Österreicher besiegte.

Zutaten für 4 Personen:
750 g Kalbfleisch (Schulter oder Haxe)
1 Zwiebel
4 Tomaten
250 g Champignons
5 Eßl. Öl
1 Eßl. Mehl
200 ml trockener Weißwein
etwa 300 ml Fleischbrühe (aus Fond, ersatzweise Instant)
Salz
Pfeffer, frisch gemahlen
1 Knoblauchzehe

Gelingt leicht

Pro Portion etwa:
1500 kJ/360 kcal
42 g Eiweiß · 14 g Fett
8 g Kohlenhydrate

- Zubereitungszeit: etwa 2 Stunden (davon 1 1/2 Stunden Garzeit)

1. Das Fleisch kalt abbrausen, trockentupfen und in Würfel von etwa 5 cm Kantenlänge schneiden. Die Zwiebel schälen und fein hacken. Die Tomaten kochendheiß überbrühen, häuten und kleinschneiden. Die Pilze putzen (nicht waschen) und abreiben. Große Pilze halbieren, kleine ganz lassen.

2. In einem Schmortopf das Öl erhitzen und die Fleischwürfel darin goldgelb anbraten. Die Zwiebel dazugeben und glasig braten. Die Tomaten und die Champignons dazugeben. Alles unter ständigem Umrühren anschmoren. Das Mehl darüber stäuben und mit dem Wein ablöschen. Die Fleischbrühe angießen. Mit Salz und Pfeffer abschmecken. Den Knoblauch schälen und dazugeben. Eventuell noch etwas Fleischbrühe nachgießen.

3. Den Topf zudecken und das Gericht bei schwacher Hitze in etwa 1 1/2 Stunden garen.

Côtelettes de veau au vin

Kalbskoteletts mit Weißweinsauce

Zutaten für 4 Personen:
2 Knoblauchzehen
4 Kalbskoteletts
1 Zwiebel · 1 Bund Petersilie
4 Eßl. Öl
200 ml trockener Weißwein
1 Zweig Rosmarin
Salz · Pfeffer, frisch gemahlen
2 Eßl. Fleischbrühe (aus Fond, ersatzweise Instant)
1 Ei
etwa 4 Eßl. Semmelbrösel

Raffiniert

Pro Portion etwa:
1900 kJ/450 kcal
56 g Eiweiß · 17 g Fett
10 g Kohlenhydrate

- Zubereitungszeit: etwa 30 Minuten

1. Den Knoblauch schälen und halbieren. Die Koteletts mit dem Knoblauch einreiben. Die Zwiebel schälen und fein hacken. Die Petersilie waschen, trockenschütteln und fein hacken.

2. Das Öl erhitzen und die Koteletts darin auf beiden Seiten anbraten. Mit dem Weißwein ablöschen. Die Zwiebel und die Petersilie dazugeben. Den Rosmarin vom Stengel streifen und in die Pfanne geben. Salzen und pfeffern. Die Flüssigkeit bei mittlerer Hitze fast völlig einkochen lassen.

3. Die Koteletts aus der Pfanne nehmen und die Sauce mit der Brühe loskochen. Das Ei trennen und die Sauce mit dem Eigelb binden, nicht mehr aufkochen lassen. Vom Herd nehmen. Den Backofen oder den Elektrogrill auf höchster Stufe vorheizen.

4. Das Eiweiß nicht ganz steif schlagen und in einen tiefen Teller geben. Die Semmelbrösel in einen weiteren Teller geben. Die Koteletts in dem Eiweiß und dann in den Semmelbröseln wenden. In eine flache feuerfeste Form oder einen flachen Topf legen. Die Sauce ringsherum angießen und alles etwa 5 Minuten überbacken.

Im Bild vorne:
Côtelettes de veau au vin blanc
Im Bild hinten:
Veau sauté Marengo

Pot-au-feu

Kalbfleisch-Eintopf

Zutaten für 8 Personen:
1 1/2 kg Kalbfleisch ohne Knochen (zum Beispiel aus der Hüfte)
1 1/2 kg Kalbshaxe
2–3 große Scheiben Ochsenschwanz
Salz (nach Möglichkeit grobes Meersalz)
500 g Lauch
700 g Möhren
400 g weiße Rübchen
1 Staude Stangensellerie
1 Zwiebel
5–6 Gewürznelken
4 Knoblauchzehen
750 g Kartoffeln
2 Markknochen
1 Eßl. Weinessig
200 ml Portwein

Braucht etwas Zeit

Pro Portion etwa:
1700 kJ/420 kcal
64 g Eiweiß · 6 g Fett
23 g Kohlenhydrate

- Zubereitungszeit: etwa 4 1/2 Stunden (davon 3 1/2 Stunden Garzeit)

1. Einen großen Suppentopf mit etwa 7 l Wasser füllen. Das Fleisch, die Kalbshaxe und den Ochsenschwanz kalt waschen und in den Topf geben. Salzen. Den Topf aufsetzen und das Wasser zum Kochen bringen. Den entstehenden Schaum immer wieder abschöpfen.

2. Inzwischen vom Lauch die Wurzeln abschneiden und das Grün entfernen. Die Stangen in Wasser legen, damit sich der Sand löst, dann zusammenbinden. Die Möhren waschen und putzen. Die weißen Rübchen schälen und halbieren. Den Sellerie waschen, unten abschneiden und die äußeren Stangen entfernen. Die Stangen in etwa 2 cm lange Stücke schneiden. Die Zwiebel schälen und mit den Nelken spicken. Den Knoblauch schälen und in Stifte schneiden.

3. Wenn die Suppe nach häufigem Abschäumen klar ist, das Gemüse hineingeben. Nochmals aufkochen lassen und die Hitze so reduzieren, daß der Eintopf gerade eben kocht. Den Topf zudecken und das Gericht etwa 4 Stunden garen.

4. Nach etwa 3 Stunden die Kartoffeln schälen. 2–3 Suppenkellen Fleischbrühe entnehmen und in einen anderen Topf geben. Die Kartoffeln in der Brühe und etwas Wasser bei sehr schwacher Hitze in etwa 45 Minuten garen.

5. Inzwischen die Markknochen waschen und in einen kleinen Topf geben. Salzen und mit Wasser bedecken. Den Weinessig hinzufügen. Die Knochen mit dem Mark in etwa 30 Minuten garen.

6. Zum Servieren das Fleisch aus dem Topf heben, vom Knochen lösen, in mundgerechte Stücke schneiden und auf einer vorgewärmten Platte anrichten. Das Gemüse ringsherum anordnen. Das Mark aus den Knochen lösen und in 8 Teilen anrichten. Die Suppe noch einmal abschmecken und eventuell nachwürzen. Den Portwein angießen.

7. Vor jeden Gast einen Suppenteller stellen, so daß jeder sich seinen Eintopf nach Geschmack zusammenstellen und mit der Fleischbrühe übergießen kann. Dazu gibt es Cornichons, Senf und grobes Meersalz. Helles Bauernbrot paßt gut dazu ebenso wie ein kräftiger roter Landwein.

Varianten:
Auf ähnliche Weise können Sie den Eintopf auch mit Rindfleisch oder mit Rind und Suppenhuhn zubereiten.
Statt der weißen Rüben schmecken auch Kohlrabi, Weißkohl oder Wirsing.
Statt des Portweins Cognac oder Armagnac verwenden.

Pot-au-feu wird aus Kalbfleisch, Ochsenschwanz und viel Gemüse zubereitet.

Gigot d'agneau en pot-pourri

Lammkeule mit Gemüse

Zutaten für 4 Personen:
etwa 800 g ausgelöstes Lammfleisch aus der Keule
6 Knoblauchzehen
100 g durchwachsener Räucherspeck
4 Zwiebeln
5 Möhren
5 weiße Rübchen
375 ml trockener Weißwein
350 ml Wasser
Salz
Pfeffer, frisch gemahlen
1 Bouquet garni (Gewürzsträußchen aus 1 Lorbeerblatt, 1 Zweig Thymian, 2 Stengeln Petersilie)
2 Auberginen
6 Paprikaschoten
6 Tomaten
etwa 5 Eßl. Olivenöl

Braucht etwas Zeit

Pro Portion etwa:
4000 kJ/950 kcal
47 g Eiweiß · 64 g Fett
32 g Kohlenhydrate

- Zubereitungszeit: etwa 2 1/2 Stunden (davon 2 Stunden Garzeit)

1. Das Fleisch kurz kalt abbrausen, abtrocknen und ausbreiten. 4 Knoblauchzehen schälen, längs vierteln und die Stifte auf dem Lammfleisch verteilen. Das Fleisch zusammenrollen und mit Küchengarn binden.

2. Den Speck fein würfeln. Die Zwiebeln schälen, die Möhren waschen und putzen, die weißen Rübchen schälen. Alles fein würfeln.

3. Die Speckwürfel in einem Schmortopf bei starker Hitze ausbraten. Die Grieben herausnehmen und das Fleisch in dem Fett anbraten. Das kleingeschnittene Gemüse dazugeben und ein paar Minuten mitschmoren. Den Wein und das Wasser angießen, salzen und pfeffern. Den restlichen Knoblauch schälen und dazudrücken. Das Bouquet binden, getrocknete Kräuter in ein Mullsäckchen stecken und in den Topf geben. Den Topf zudecken und die Hitze reduzieren.

4. Die Auberginen schälen und würfeln. Die Paprikaschoten putzen, waschen und vierteln. Die Tomaten kochendheiß überbrühen, häuten und vierteln.

5. In einem weiteren Topf das Öl sehr hoch erhitzen. Die Auberginen und die Paprikaschoten darin scharf anbraten, umrühren, die Tomaten dazugeben und alles gut durchschmoren lassen. Nach etwa 10 Minuten das Gemüse zum Fleisch geben. Das Fleisch während des Garens einige Male umdrehen und alles etwa 2 Stunden garen.

6. Das Fleisch aus dem Topf nehmen, vom Küchengarn befreien und in Scheiben schneiden. Das Gemüse ohne das Bouquet ringsherum anrichten. Den Fond noch einmal abschmecken und über das Fleisch gießen.

Côtelettes d'agneau à la moutarde

Lammkoteletts mit Senf

Zutaten für 4 Personen:
8 oder 12 Lammkoteletts (1–1 1/2 cm dick), je nach Größe
1–2 Eßl. Dijon-Senf
1 Teel. Öl
etwa 1 Eßl. Mehl
Salz

Schnell

Bei 8 Koteletts pro Portion etwa:
3700 kJ/880 kcal
38 g Eiweiß · 82 g Fett
2 g Kohlenhydrate

- Zubereitungszeit: etwa 20 Minuten

1. Den Elektrogrill vorheizen.

2. Die Koteletts kalt abbrausen und abtrocknen.

3. Den Senf mit dem Öl verrühren. Soviel Mehl dazugeben, daß eine feste Paste entsteht. Die Koteletts salzen und auf einer Seite damit bestreichen.

4. Die Koteletts unter dem Grill etwa 7 Minuten grillen, umdrehen und auf der anderen Seite mit der Paste bestreichen. In weiteren 5 Minuten fertig grillen. Sofort sehr heiß servieren.

Im Bild vorne:
Côtelettes d'agneau à la moutarde
Im Bild hinten:
Gigot d'agneau en pot-pourri

Poulet aux citrons verts

Hähnchen in Limettensauce

Zutaten für 4 Personen:
3 unbehandelte Limetten
1 küchenfertiges Brathähnchen (etwa 1,2 kg)
1 große Zwiebel
300 g Champignons oder Egerlinge
50 g Butter
1/4 l Hühnerbrühe (aus Fond, ersatzweise Instant)
200 g Sahne
Salz · Pfeffer, frisch gemahlen
100 ml kaltes Wasser

Gelingt leicht

Pro Portion etwa:
2100 kJ/500 kcal
40 g Eiweiß · 37 g Fett
4 g Kohlenhydrate

- Zubereitungszeit: etwa 1 1/4 Stunden

1. Die Limetten waschen und abtrocknen. Die Schale dünn abschälen und in winzige Streifchen schneiden. Die weiße Haut abziehen und das Fruchtfleisch fein würfeln. Das Brathähnchen kalt abbrausen, abtrocknen und in 8 Teile zerlegen. Die Zwiebel schälen und kleinschneiden. Die Pilze putzen, abreiben und halbieren oder vierteln.

2. 30 g Butter zerlassen und die Hähnchenteile darin bei starker Hitze in 4–5 Minuten hell goldgelb anbraten. Die Zwiebel dazumischen und unter Umrühren etwa 2 Minuten braten. Mit der Brühe ablöschen. Die Sahne dazurühren, salzen und pfeffern. Das Gericht zugedeckt bei schwacher Hitze etwa 30 Minuten garen.

3. Inzwischen die restliche Butter zerlassen. Die Limettenwürfel dazugeben. Das Wasser angießen, salzen und pfeffern. Die Mischung zum Kochen bringen. Die Pilze hinzufügen und alles etwa 5 Minuten bei starker Hitze sprudelnd kochen lassen. Den Topf vom Herd nehmen.

4. Wenn die Hähnchenteile gar sind, die Limettensauce dazugeben und vorsichtig unterheben. Bei mittlerer Hitze noch einmal etwa 5 Minuten ziehen lassen. Das Hähnchen anrichten und mit der Limettenschale bestreuen.

Coq au vin

Hähnchen in Weinsauce

Zutaten für 4 Personen:
1 küchenfertiges Brathähnchen (etwa 1,2 kg)
8 Frühlingszwiebeln
100 g durchwachsener Räucherspeck
2 Schalotten
50 g Butter
1 Eßl. Mehl
1/2 l guter Rotwein
2 Schnapsgläser Cognac (4 cl)
1 Bouquet garni (Gewürzsträußchen aus 1 Lorbeerblatt, 1 Zweig Thymian, 2 Stengeln Petersilie)
1 Messerspitze Muskatnuß, frisch gerieben
Salz · Pfeffer, frisch gemahlen
150 g Champignons

Gelingt leicht

Pro Portion etwa:
2600 kJ/620 kcal
40 g Eiweiß · 37 g Fett
5 g Kohlenhydrate

- Zubereitungszeit: etwa 1 Stunde 10 Minuten

1. Das Hähnchen kalt waschen und vierteln. Die Zwiebeln putzen und in Ringe schneiden. Den Speck fein würfeln. Die Schalotten schälen und fein hacken.

2. In einem dickwandigen Schmortopf die Hälfte der Butter zerlassen. Den Speck und die Zwiebeln darin anbraten, herausnehmen und beiseite stellen. Die Hähnchenteile in dem Fett anbraten, das Mehl darüber stäuben. Die Schalotten dazugeben und alles ein paar Minuten schmoren lassen. Den Wein und den Cognac angießen. Das Bouquet in den Topf geben. Mit dem Muskat, Salz und Pfeffer würzen. Alles zugedeckt bei schwacher Hitze etwa 30 Minuten garen.

3. Inzwischen die Champignons putzen. Die restliche Butter zerlassen und die Champignons darin bei schwacher Hitze etwa 10 Minuten garen.

4. Die Hähnchenteile warm stellen. Die Sauce durch ein Sieb in eine Kasserolle gießen und mit den Champignons, den Zwiebeln und dem Speck noch einmal erhitzen.

5. Die Hähnchenteile anrichten und mit der Sauce übergießen.

Im Bild vorne: Coq au vin
Im Bild hinten: Poulet aux citrons verts

Poulet à la normande

Hähnchen mit Äpfeln und Calvados

Die Normandie, eine der wenigen Regionen Frankreichs, wo keine Weintrauben, dafür aber köstliche Äpfel reifen, verwendet in ihrer Küche Calvados, den feinen Apfelschnaps, Apfelsaft, Cidre, den moussierenden Apfelmost, und auch die Früchte selbst – und das nicht nur für Süßspeisen.

Zutaten für 4 Personen:

1 küchenfertiges Brathähnchen (etwa 1,2 kg)
3 Eßl. Mehl
2 Schalotten
2 Eßl. Öl
40 g Butter
Salz
Pfeffer, frisch gemahlen
600 g säuerliche Äpfel
100 ml Calvados
3 Eßl. Crème fraîche

Spezialität

Pro Portion etwa:
2300 kJ/550 kcal
38 g Eiweiß · 29 g Fett
22 Kohlenhydrate

- Zubereitungszeit: etwa 1 1/2 Stunden

1. Das Hähnchen kalt abbrausen, abtrocknen und in Portionsstücke teilen. Das Mehl in einen tiefen Teller geben und die Hähnchenteile darin wälzen. Überschüssiges Mehl abklopfen. Die Schalotten schälen und fein hacken.

2. Das Öl und die Butter in einem dickwandigen Schmortopf erhitzen. Die Hähnchenteile in den Topf geben und bei starker Hitze anbraten. Salzen und pfeffern. Die Hitze reduzieren, den Topf zudecken und das Fleisch etwa 20 Minuten bei schwacher Hitze schmoren. Ab und zu umwenden. Den Backofen auf 250° vorheizen.

3. Inzwischen die Äpfel schälen, vierteln und die Kerngehäuse entfernen. Das Fruchtfleisch in feine Scheibchen schneiden. Die Hälfte der Apfelscheiben in eine feuerfeste Form legen, die Hähnchenteile obenauf anordnen. Die restlichen Apfelscheiben darauf verteilen.

4. Die Schalotten in eine Kasserolle geben und ohne Fett etwas anbräunen. Den Calvados und die Crème fraîche dazugießen, salzen und pfeffern. Kurz aufkochen lassen. Die Sauce über das Gericht gießen. Die Hähnchen im Backofen (Mitte) etwa 30 Minuten garen. Nach Belieben mit gehackten Kräutern bestreuen und heiß servieren.

Coquelets à la crème d'avocats

Junge Hähnchen
mit Avocadocreme

Zutaten für 4 Personen:
2 junge Hähnchen (je etwa 700 g)
Salz
Pfeffer, frisch gemahlen
2 Zwiebeln
75 g Butter
1 Teel. Currypulver
100 ml frische Hühnerbrühe
(ersatzweise Instant)
2 Avocados
1 Prise Cayennepfeffer
100 g Crème fraîche

Für Gäste

Pro Portion etwa:
3080 kJ/740 kcal
44 g Eiweiß · 61 g Fett
4 g Kohlenhydrate

- Zubereitungszeit: etwa 1 1/2 Stunden

1. Die Hähnchen vierteln, salzen und pfeffern. Die Zwiebeln schälen und fein hacken. Die Hälfte der Butter in einem Schmortopf zerlassen. Die Zwiebeln und die Hähnchen darin anbraten. Den Curry darüber stäuben, die Brühe angießen. Den Topf zudecken und alles etwa 30 Minuten bei schwacher Hitze schmoren lassen.

2. Inzwischen die Avocados der Länge nach halbieren und die Steine entfernen. Aus dem Fleisch mit dem Kugelausstecher Kugeln formen. Den Rest der Butter in einer Kasserolle erhitzen und die Avocadokügelchen darin bei schwacher Hitze anbraten. Mit Salz und Pfeffer und dem Cayennepfeffer würzen. Sehr vorsichtig umrühren.

3. Den Deckel aufsetzen und die Avocados in etwa 5 Minuten garen, eventuell ein wenig Brühe dazugeben. Den Topf leicht schütteln. Den Rest des Fruchtfleischs mit einer Gabel zermusen und mit der Crème fraîche verrühren. Die Hähnchen vom Herd nehmen, auf einer Platte anrichten und warm stellen.

4. Die Crème fraîche in die Brühe geben. Den Topf wieder aufsetzen und die Sauce mit einem Schneebesen bei starker Hitze schlagen. Die Hitze reduzieren, die Kügelchen dazugeben und etwa 2 Minuten mit erhitzen, mit einem Schaumlöffel herausnehmen und rings um die Hähnchen anordnen. Die Sauce darüber gießen.

Canard aux griottes

Ente mit Sauerkirschen

Zutaten für 4 Personen:
1 küchenfertige Ente (etwa 1,6 kg)
50 g weiche Butter
Salz
Pfeffer, frisch gemahlen
1 kg Sauerkirschen
100 ml Cherry Brandy (Kirschlikör)

Raffiniert

Pro Portion etwa:
3700 kJ/880 kcal
47 g Eiweiß · 65 g Fett
28 g Kohlenhydrate

- Zubereitungszeit: etwa 1 3/4 Stunden

1. Den Backofen auf 240° vorheizen. Die Ente innen und außen waschen und sehr gut abtrocknen. Mit der Butter bestreichen. Innen und außen pfeffern und salzen.

2. Die Ente in einer Bratreine im Backofen (Mitte) in etwa 1 1/2 Stunden knusprig braun braten.

3. Inzwischen die Kirschen waschen und entsteinen. Die Hälfte der Früchte etwa 5 Minuten vor Ende der Garzeit in das Innere der Ente füllen und mit erhitzen.

4. Die restlichen Kirschen mit dem Blitzhacker zerkleinern und mit dem Kirschlikör verrühren. Die Ente anrichten. Den Bratfond mit dem Kirschmus loskochen und zu der Ente servieren.

Pintade aux morilles

Perlhuhn mit Morcheln

Zutaten für 4 Personen:
1/4 l Milch
1/4 l Wasser
50 g getrocknete Morcheln
(entspricht etwa 250 g frischen)
1 küchenfertiges Perlhuhn
(etwa 1,2 kg)
1 Gervais-Käse
(ersatzweise ein anderer Frischkäse)
Salz
Pfeffer, frisch gemahlen
200 g durchwachsener
Räucherspeck in dünnen Scheiben
2 Eßl. Öl
1 Gläschen Cognac (2 cl)
100 g Crème fraîche

Raffiniert

Pro Portion etwa:
3200 kJ/760 kcal
45 g Eiweiß · 62 g Fett
4 g Kohlenhydrate

- Einweichzeit für die Morcheln: 2–3 Stunden
- Zubereitungszeit: etwa 1 Stunde

1. Die Milch und das Wasser in eine Schüssel gießen. Die Morcheln darin 2–3 Stunden einweichen.

2. Den Backofen auf 240° vorheizen. Das Perlhuhn innen und außen waschen und abtrocknen. Den Gervais salzen und pfeffern und in das Innere legen. Das Perlhuhn dressieren, das heißt, die Schenkel und Flügel mit Küchengarn am Körper festbinden. Die Öffnung mit zwei Stichen zunähen.

3. Einen Bräter oder eine feuerfeste Form mit den Speckscheiben auslegen, das Perlhuhn darauf legen und im Backofen (Mitte) in etwa 45 Minuten garen. Während der Bratzeit öfter mit Wasser, später mit dem Bratfond begießen.

4. Nach etwa 30 Minuten Garzeit die Morcheln aus der Milch nehmen und abtropfen lassen. Auf Küchenpapier legen und abtupfen. Das Öl erhitzen und die Morcheln darin bei schwacher Hitze etwa 15 Minuten schmoren. Salzen und pfeffern.

5. Das Perlhuhn aus dem Ofen nehmen, mit dem Cognac übergießen und flambieren. Das Küchengarn entfernen und das Perlhuhn auf einer Platte anrichten. Warm stellen.

7. Die Speckscheiben aus der Sauce nehmen. Den Bratfond eventuell entfetten und mit der Crème fraîche binden. Die Morcheln um das Perlhuhn anrichten und alles sehr heiß servieren.

Im Bild vorne: Pintade aux morilles
Im Bild hinten: Canard aux griottes

Gibelotte de lapin

Kaninchen in Rotwein

Hauskaninchen gehört in Frankreich neben Hähnchen zu den beliebtesten Fleischarten. Sein helles Fleisch eignet sich für vielerlei Arten der Zubereitung.

Zutaten für 4 Personen:
10–12 Frühlingszwiebeln
1 küchenfertiges Kaninchen
oder Kaninchenteile (etwa 1,2 kg)
100 g durchwachsener
Räucherspeck
40 g Butter
1 Eßl. Mehl
1 Knoblauchzehe
200 ml Rotwein
100 ml Fleischbrühe
(aus Fond, ersatzweise Instant)
Salz · Pfeffer, frisch gemahlen
2 Lorbeerblätter
2 Zweige Thymian
2–3 Gewürznelken
600 g festkochende, sehr kleine
Kartoffeln
1 Bund Petersilie, fein gehackt

Für Gäste

Pro Portion etwa:
2700 kJ/640 kcal
42 g Eiweiß · 38 g Fett
22 g Kohlenhydrate

- Zubereitungszeit: etwa 1 1/4 Stunden

1. Das Grün der Zwiebeln abschneiden, die weißen Teile schälen, ganz lassen. Das Kaninchen waschen, abtrocknen und, wenn notwendig, in Portionsstücke zerlegen. Den Speck grob würfeln.

2. Die Butter in einem dickwandigen Schmortopf erhitzen. Die Kaninchenteile bei starker Hitze darin anbraten. Den Speck und die Zwiebeln hinzufügen und alles unter Umwenden Farbe annehmen lassen. Das Mehl anstäuben. Den Knoblauch schälen und dazupressen. Mit dem Wein und der Brühe ablöschen. Salzen, pfeffern und mit den Kräutern und den Nelken würzen. Das Fleisch zugedeckt bei schwacher Hitze etwa 40 Minuten schmoren.

3. Inzwischen die Kartoffeln schälen. Zum Fleisch geben und das Gericht in etwa 20 Minuten fertig garen.

4. Die Sauce, wenn notwendig, entfetten und mit etwas Wasser verdünnen. Die Petersilie über das Gericht streuen.

Filets de lièvre à la provençale

Hasenfilets provenzalische Art

Zutaten für 4 Personen:
4 Filets vom Wildhasen
12 Sardellenfilets (Anchovis)
4 große Knoblauchzehen
4 große Scheiben Speck zum
Umwickeln
2–3 Eßl. Öl
3 Eßl. Tomatenmark
100 ml trockener Weißwein
100 ml Fleischbrühe
(aus Fond, ersatzweise Instant)
Salz · Pfeffer, frisch gemahlen
1 Eigelb zum Binden

Spezialität

Pro Portion etwa:
1300 kJ/310 kcal
39 g Eiweiß · 15 g Fett
2 g Kohlenhydrate

- Zubereitungszeit: etwa 30 Minuten

1. Die Hasenfilets kalt abbrausen und abtrocknen. Die Sardellen längs halbieren. Die Hasenfilets mit Hilfe eines spitzen Küchenmessers mit den Streifchen spicken. Den Knoblauch schälen und sehr fein hacken. Auf den Filets verteilen. Den Speck um das Fleisch wickeln und mit Küchengarn befestigen.

2. Das Öl in einer Pfanne erhitzen, die Filets darin rundherum anbraten und mit etwas Wasser begießen. Bei mittlerer Hitze in 7–10 Minuten garen. Das Fleisch auf einer Platte anrichten, das Küchengarn und den Speck entfernen. Warm stellen.

3. Den Bratfond mit dem Tomatenmark, dem Wein und der Brühe loskochen. Mit Salz und Pfeffer abschmecken. Das Eigelb einrühren und die Sauce nicht mehr kochen lassen.

4. Die Filets in etwa 2 cm dicke Scheiben schneiden und die Sauce darüber gießen.

Bild oben: Gibelotte de lapin
Bild unten:
Filets de lièvre à la provençale

Ratatouille

Gemüseallerlei

Ratatouille heißt wörtlich übersetzt »Fraß«, und das ist sie beileibe nicht. Dieses würzige, schmackhafte Gemüsegericht eignet sich warm oder kalt als Vorspeise, Beilage oder Zwischengericht, aber auch als Hauptgericht für Menschen, die kein Fleisch essen. Die Rezepte variieren von Familie zu Familie, das folgende stammt aus Nizza.

Zutaten für 4 Personen:
2 mittelgroße Auberginen
2 große Fleischtomaten
2 Zucchini
2 Paprikaschoten
5 Eßl. Öl
Salz
Pfeffer, frisch gemahlen
2 Knoblauchzehen
1 Bouquet garni (Gewürzsträußchen aus 1 Lorbeerblatt, 2 Zweigen Thymian, 2 Stengeln Petersilie)
100 ml kaltes Wasser

Spezialität

Pro Portion etwa:
700 kJ/190 kcal
5 g Eiweiß · 11 g Fett
12 g Kohlenhydrate

- Zubereitungszeit: etwa 1 Stunde 40 Minuten (davon 1 1/4 Stunden Garzeit)

1. Die Auberginen schälen. Die Tomaten kochendheiß überbrühen und häuten. Beides grob würfeln. Die Zucchini waschen, Stiel- und Blütenansätze entfernen und die Früchte in Scheiben schneiden. Die Paprikaschoten waschen, von Rippen und Kernen befreien und in Streifen schneiden.

2. Das Gemüse in einen dickwandigen Schmortopf geben. Das Öl angießen. Alles salzen und pfeffern. Den Knoblauch schälen und in das Gemüse pressen. Das Bouquet mit Küchengarn binden und einlegen. Das Wasser dazugießen.

3. Den Topf schließen und das Gericht bei starker Hitze zum Kochen bringen, die Hitze reduzieren und die Ratatouille bei schwacher Hitze in etwa 1 1/4 Stunden garen.

4. Vor dem Servieren das Gewürzsträußchen entfernen. Die Ratatouille heiß, lauwarm oder kalt servieren.

Gratin dauphinois

Kartoffelgratin

Der Titel dieses auch bei uns so beliebten Gerichts kommt von der Landschaft Dauphiné, den Erblanden des französischen Thronfolgers.

Zutaten für 4 Personen:
1 Knoblauchzehe
50 g Butter
12 mittelgroße Kartoffeln
Salz
Pfeffer, frisch gemahlen
2 Eier
etwa 1/2 l Milch
1 Eßl Crème double oder Sahne

Gelingt leicht

Pro Portion etwa:
1800 kJ/430 kcal
13 g Eiweiß · 20 g Fett
49 g Kohlenhydrate

- Zubereitungszeit: etwa 1 Stunde (davon 45 Minuten Garzeit)

1. Den Knoblauch schälen und quer halbieren. Eine flache Auflaufform damit ausreiben, dann dünn ausbuttern.

2. Die Kartoffeln schälen und sauber abreiben, nicht waschen. In sehr feine Scheiben schneiden oder hobeln. In der Form ausbreiten und salzen und pfeffern.

3. Den Backofen auf 180° vorheizen.

4. Die Eier in eine Schüssel aufschlagen und mit der Milch und der Crème double mischen. Mit einer Gabel etwas schlagen. Die Flüssigkeit über den Kartoffeln verteilen. Die restliche Butter in Flöckchen obenauf verteilen.

5. Das Gratin im Backofen (Mitte) in etwa 45 Minuten garen. Sehr heiß zu gebratenem Fleisch, als Vor- oder als Zwischengericht servieren, nach Belieben mit gehackter Petersilie bestreuen.

Variante:
Als Hauptgericht, mit Salat serviert, eignet sich das Gratin, wenn Sie es vor dem Überbacken mit reichlich Käse (zum Beispiel Greyerzer) bestreuen.

Im Bild vorne: Gratin dauphinois
Im Bild hinten: Ratatouille

Artichauts à la barigoule

Gedünstete Artischocken

Dieses Rezept fehlt in keinem Buch über französische Landesküche. Dabei streiten die Autoren, welches nun das echte, das einzig richtige sei. In einem sind sich alle einig: Die Artischocken sollten möglichst jung sein, denn dann braucht man das »Heu« nicht zu entfernen. Leider findet man sie bei uns selten.

Zutaten für 4 Personen:
4 junge Artischocken
50 g durchwachsener Räucherspeck
150 g Champignons
2 Schalotten
1/2 Bund Petersilie
4 Eßl. Olivenöl
4 kleine Scheiben Räucherspeck
1 Zwiebel
200 ml trockener Weißwein
200 ml Fleischbrühe (aus Fond, ersatzweise Instant)
Salz · Pfeffer, frisch gemahlen

Spezialität

Pro Portion etwa:
1400 kJ/330 kcal
6 g Eiweiß · 25 g Fett
7 g Kohlenhydrate

- Zubereitungszeit: etwa 2 Stunden (davon 1 1/2 Stunden Garzeit)

Tip!

Die Artischocken schmecken auch ohne Füllung sehr gut. Sie eignen sich hervorragend als Beilage zu Fleisch.

1. Die Artischocken kalt abbrausen und die Stiele abschneiden, so daß die Früchte stehen können. Die äußeren Blätter entfernen, die inneren oben abschneiden. Etwa 5 Minuten in kochendem Wasser blanchieren. Das »Heu« aus der Mitte entfernen. Kalt abschrecken.

2. Den Speck sehr klein würfeln. Die Champignons mit Küchenpapier abreiben. Die Hüte fein würfeln. Die Schalotten schälen und reiben. Die Petersilie waschen, trockenschütteln und fein hacken. In einer kleinen Kasserolle die Hälfte des Öls erhitzen und die feingehackten Zutaten darin in etwa 10 Minuten garen.

3. Die Füllung in die Artischocken geben, gut festdrücken. Die Speckscheibchen über die Öffnung legen und über Kreuz mit Küchengarn befestigen. Die Zwiebel schälen und in Scheiben schneiden, die Scheiben in Ringe zerlegen.

4. Die Zwiebelringe auf den Boden eines Topfes legen. Die Artischocken darauf stellen. Den Wein und die Brühe angießen. Den Rest Öl darüber träufeln, salzen und pfeffern. Zugedeckt bei schwacher Hitze in etwa 1 1/2 Stunden garen. Den Speck entfernen. Die Sauce einkochen lassen. Die Artischocken mit der Sauce übergießen.

Champignons farcis

Gefüllte Champignons

Dieses Gericht paßt gut als Beilage zu einer Grillplatte, aber auch als eigenständiges Gericht ohne Fleisch, mit Salat und Butterbrot serviert.

Zutaten für 4 Personen:
500 g sehr große Champignons
etwa 50 g Butter
Salz
weißer Pfeffer, frisch gemahlen
1 Zwiebel
3 Eßl. Fleischbrühe
(aus Fond, ersatzweise Instant)
5 Eßl. Semmelbrösel
1/2 Bund Petersilie, frisch gehackt

Für Gäste

Pro Portion etwa:
680 kJ/160 kcal
5 g Eiweiß · 11 g Fett
11 g Kohlenhydrate

- Zubereitungszeit: etwa 50 Minuten

Variante:
Für ein Festtagsgericht hobeln Sie eine Trüffel und geben sie in die Füllung.

1. Den Backofen auf 200° vorheizen. Die Hüte der Champignons vorsichtig abdrehen. Wenn notwendig, die Haut abziehen. Die Lamellen entfernen, das geht gut mit Hilfe eines Kugelausstechers. Die Pilze möglichst nicht waschen, sondern trocken säubern, sonst verlieren sie an Aroma. Die Stiele sorgfältig putzen und sehr fein hacken.

2. Eine feuerfeste Form ausbuttern und die Hüte mit der Öffnung nach oben hineinsetzen. Salzen und pfeffern. Im Backofen (Mitte) etwa 5 Minuten vorgaren.

3. Die Zwiebel schälen und sehr fein hacken. Zusammen mit den Pilzstückchen in einer Kasserolle in etwas Butter anbraten und mit der Fleischbrühe ablöschen. Mit Salz und Pfeffer abschmecken. Etwas einkochen lassen.

4. Die Masse in die Champignonhüte füllen. Die Semmelbrösel darauf verteilen. Den Rest der Butter zerlassen und auf die gefüllten Champignons träufeln. Das Gericht im Backofen bei 240° 5–7 Minuten überbacken. Zum Servieren mit der Petersilie bestreuen.

Clafoutis aux fraises

Erdbeerauflauf

Clafoutis ist in ganz Frankreich bekannt und beliebt. Sie können ihn auch mit Kirschen, säuerlichen Äpfeln und Pflaumen zubereiten.

Zutaten für 4–6 Personen:
500 g Erdbeeren
1 l Milch
250 g Puderzucker
4 Eier
250 g Mehl
1 Eßl. Rum
1 Päckchen Vanillezucker
Butter für die Form

Preiswert

Bei 6 Personen pro Portion etwa:
2100 kJ/500 kcal
14 g Eiweiß · 11 g Fett
88 g Kohlenhydrate

- Zubereitungszeit: etwa 1 Stunde

1. Die Erdbeeren waschen und in einem Sieb abtropfen lassen. Die Stiele entfernen.

2. Die Milch erhitzen und vom Herd nehmen. Den Backofen auf 220° vorheizen.

3. Den Puderzucker in eine Schüssel sieben und die Eier dazugeben. Die Eier und den Zucker mit einem Holzlöffel schaumig rühren. Das Mehl dazu sieben und alles gut vermengen. Den Rum dazugeben, die heiße Milch angießen und beides unterrühren.

4. Eine feuerfeste Form oder eine Kuchenform ausbuttern. Den Teig hineingießen und die Erdbeeren darin gleichmäßig verteilen.

5. Das Dessert im Backofen (Mitte) etwa 30 Minuten backen. Mit dem Vanillezucker bestreuen. Lauwarm servieren.

Mousse au chocolat

Schokoladenschaum

Die bekannteste und beliebteste Nachspeise Frankreichs. Sie wird bei uns häufig auch als Fertigprodukt angeboten. Viel besser schmeckt sie selbstgemacht. Dieses Rezept ist besonders leicht und einfach zubereitet.

Zutaten für 4 Personen:
150 g Zartbitter-Kuvertüre (ersatzweise halbbittere Tafelschokolade)
4 Eiweiß
1 Teel. Puderzucker

Schnell

Pro Portion etwa:
900 kJ/210 kcal
6 g Eiweiß · 11 g Fett
23 g Kohlenhydrate

- Zubereitungszeit: etwa 20 Minuten

1. Die Kuvertüre mit dem Messer etwas zerkleinern oder grob raspeln. Bei sehr schwacher Hitze, am besten auf einem Stövchen, schmelzen.

2. Inzwischen die Eiweiße mit dem Puderzucker steif schlagen. Die dickflüssige Schokoladenmasse vorsichtig unter den Eischnee ziehen.

3. Die Mousse auf Portionsteller oder Gläser verteilen und servieren.

Tip!
Sehr hübsch sieht es aus, wenn Sie das Dessert mit Schokoladenraspeln, gehackten Pistazienkernen oder mit Schlagsahne dekorieren.

Im Bild vorne: Clafoutis aux fraises
Im Bild hinten: Mousse au chocolat

Crème renversée au caramel

Karamelcreme

Neben der Mousse au chocolat die bekannteste Nachspeise in Frankreich. In vielen kleinen Bistros die einzige – außer Kuchen oder der stets beliebten Käseplatte.

Zutaten für 4 Personen:
20 g Butter
6 Eßl. Zucker
5–6 Eßl. Wasser
4 Eier
1 Päckchen Vanillezucker
400 ml Milch

Spezialität

Pro Portion etwa:
1000 kJ/240 kcal
10 g Eiweiß · 14 g Fett
20 g Kohlenhydrate

- Zubereitungszeit: etwa 1 3/4 Stunden (davon 35 Minuten Garzeit und 1 Stunde Kühlzeit)

1. Die Butter in einer Stielkasserolle zerlassen. 5 Eßlöffel Zucker und 3 Eßlöffel Wasser dazugeben. Unter Umrühren bei schwacher Hitze karamelisieren lassen. Darauf achten, daß die Masse hellbraun, aber nicht zu dunkel wird. Das geht ab einem bestimmten Moment sehr schnell. Die Karamelmasse in die Mitte einer kleinen feuerfesten Form geben.

2. Den Backofen auf 180° vorheizen.

3. Die Eier mit dem restlichen Zucker und dem Vanillezucker schaumig rühren. Die Milch zum Kochen bringen, über die Eier gießen und alles gut verrühren. Die Mischung durch ein feines Sieb in die Form geben.

4. Einen flachen Topf oder eine Fettpfanne mit kaltem Wasser füllen. Die Form mit der Eiercreme hineinstellen und im Wasserbad im Backofen (Mitte) in etwa 35 Minuten stocken lassen. Die Creme ist gar, wenn sie dem Druck des Fingers standhält.

5. Die Creme abkühlen lassen. Die Ränder mit einem spitzen Messer von der Form lösen und die Creme stürzen. Die am Boden klebende Karamelmasse mit 2–3 Eßlöffeln Wasser loskochen und über die Creme gießen.

Variante:
Sie können die Eiercreme auch in Portionsförmchen garen. Diese lassen sich leichter stürzen.

Flaugnarde

Rumgebäck mit Dörrpflaumen

Für diese traditionelle Nachspeise aus dem Périgord können Sie statt gewöhnlicher Dörrpflaumen auch in Rum eingelegte Früchte verwenden.

Zutaten für 4–6 Personen:
4 Eier
10 Eßl. Puderzucker
8 Eßl. Mehl
1 Teel. Rum
100 ml Milch
Salz
4 Dörrpflaumen
Butter für die Backform

Für Gäste

Bei 6 Personen pro Portion etwa:
820 kJ/200 kcal
6 g Eiweiß · 5 g Fett
32 g Kohlenhydrate

- Zubereitungszeit: etwa 45 Minuten

1. Den Backofen auf 200° vorheizen.

2. Die Eier in eine große Schüssel geben und schaumig rühren. Den Puderzucker durch ein Sieb dazugeben, dabei weiter schlagen. Das Mehl ebenfalls durch ein Sieb nach und nach unterrühren. Den Rum und die Milch angießen. Mit 1 winzigen Prise Salz würzen.

3. Die Dörrpflaumen entkernen und vierteln. In den Teig geben. Noch einmal alles durchrühren.

4. Eine flache runde Kuchenform (etwa 26 cm Durchmesser) ausbuttern und den Teig hineingeben. Im Backofen (Mitte) in etwa 20 Minuten backen. Das Dessert ist fertig, wenn es oben eine goldgelbe Kruste hat.

5. Die Flaugnarde abkühlen lassen und lauwarm oder kalt servieren, nach Belieben mit Puderzucker bestäuben.

Im Bild vorne:
Crème renversée au caramel
Im Bild hinten: Flaugnarde

Crêpes Suzette

Eierkuchen mit Grand Marnier

Zutaten für 4 Personen:
6 Eßl. Mehl · 2 Eier
1/2 Teel. und 2 Eßl. Zucker
Salz
1/4 l Milch
4 Eßl. und 1 Teel. Butter
Saft und abgeriebene Schale von
1 unbehandelten großen Orange
2 Schnapsgläser Grand Marnier (4 cl)

Für Gäste

Pro Portion etwa:
1300 kJ/310 kcal
7 g Eiweiß · 19 g Fett
24 g Kohlenhydrate

- Zubereitungszeit: etwa 2 Stunden 40 Minuten (davon 2 Stunden Ruhezeit)

1. Das Mehl in eine Schüssel sieben. In die Mitte eine Mulde drücken und 1 Ei hineingeben. Das andere Ei trennen und das Eigelb ebenfalls zum Mehl geben. Das Eiweiß beiseite stellen. 1/2 Teelöffel Zucker und 1 Prise Salz zum Mehl geben. Den Teig mit dem Holzlöffel mischen, dann mit den Fingern leicht kneten. Die Milch in kleinen Portionen dazurühren, damit sich keine Klümpchen bilden. Der Teig soll dünnflüssig sein. Eventuell noch mit etwas Milch oder Wasser verdünnen.

2. Den Teig für etwa 2 Stunden kühl, jedoch nicht in den Kühlschrank stellen.

3. Das Eiweiß steif schlagen und vorsichtig unter den Teig ziehen.

4. In einer Pfanne mit sehr glattem Boden etwas Butter zerlassen und dünn verteilen. So viel Teig in das heiße Fett geben, daß die Crêpe hauchdünn wird. Auf beiden Seiten hellbraun backen, zweimal zusammenfalten und warm stellen. Aus dem restlichen Teig weitere Crêpes backen.

5. 1 Teelöffel Butter in einem Pfännchen erhitzen, aber nicht bräunen lassen. 2 Eßlöffel Zucker dazugeben und leicht karamelisieren lassen. Die Orangenschale und den -saft dazugeben und erhitzen. Die Hälfte des Grand Marnier in die heiße Sauce geben. Die gefalteten Crèpes hinein legen und die Sauce darüber gießen. Den restlichen Likör über das Gericht gießen und anzünden.

6. Wenn die Flammen erloschen sind, die Crêpes auf Tellern anrichten und mit der Sauce übergießen, nach Belieben mit Puderzucker überstreuen. Sofort servieren.

Mazettes aux blancs d'œuf

Eischaumgebäck

Zutaten für 4 Personen:
4 Eiweiß
200 g Puderzucker
1 Päckchen Vanillezucker
90 g Mehl
100 g Butter
Backpapier für das Blech

Gelingt leicht

Pro Portion etwa:
2000 kJ/480 kcal
5 g Eiweiß · 21 g Fett
68 g Kohlenhydrate

- Zubereitungszeit: etwa 30 Minuten

1. Den Backofen auf 200° vorheizen. Das Backblech mit Backpapier auslegen.

2. Die Eiweiße steif schlagen. Den Zucker und den Vanillezucker in einer Schüssel mit dem Mehl mischen. Die Butter zerlassen und mit dem Mehl und dem Zucker verrühren. Den Eischnee darunter ziehen.

3. Den dünnflüssigen Teig mit einem Löffel so auf dem Blech verteilen, daß sehr dünne, runde Plätzchen entstehen. Diese im Backofen (Mitte) 8–10 Minuten backen. Mit dem übrigen Teig ebenso verfahren.

4. Die noch heißen, weichen Plätzchen um einen Bleistift rollen und abkühlen lassen. Die Mazettes werden zum Kaffee gereicht.

Im Bild vorne: Crêpes Suzette
Im Bild hinten:
Mazettes aux blancs d'œuf

REZEPT- UND SACHREGISTER

Zum Gebrauch
Damit Sie die Rezepte mit bestimmten Zutaten noch schneller finden, stehen in diesem Register zusätzlich auch beliebte Zutaten wie Hähnchen oder Tomaten – ebenfalls alphabetisch geordnet und halbfett gedruckt – über den entsprechenden Rezepten.

IMPRESSUM

Umschlag-Vorderseite:
Das Rezept für Gigot d' agneau en pot-pourri – Lammkeule mit Gemüse – finden Sie auf Seite 42.

Redaktion:
Adelheid Schmidt-Thomé
Layout: Ludwig Kaiser
Herstellung und Produktion:
Michael v. Bressensdorf
Fotos: Odette Teubner, Kerstin Mosny, Hermann Rademacker (Seite 4, 5, 6, 8), Adelheid Schmidt-Thomé (Seite 9)
Reproduktionen:
MB Scan, München
Satz und Druck: Appl, Wemding
Bindung: Sellier, Freising
ISBN: 3-7742-1532-4

Auflage 7. 6. 5. 4. 3.
Jahr 1998 97 96 95 94

Susi Piroué
ist gelernte Verlagsbuchhändlerin und befaßt sich seit vielen Jahren als Autorin und Redakteurin mit Koch- und Weinbüchern. Französisch kochen lernte sie, als sie in eine französische Familie einheiratete. Ihrem Mann und ihren Söhnen zuliebe kocht sie auch im Alltag gern nach den Rezepten dieses Landes, die sie zusammen mit vielen nützlichen Tips bei der Schwiegermutter, Verwandten und Freunden in Frankreich sammelte. Bei der Abfassung ihrer Kochbücher – dies ist das vierte – kamen ihr hausfrauliche wie berufliche Kenntnisse gleichermaßen zugute.

Odette Teubner
wurde durch ihren Vater, den international bekannten Food-Fotografen Christian Teubner ausgebildet. Heute arbeitet sie ausschließlich im Studio für Lebensmittelfotografie Teubner. In ihrer Freizeit ist sie begeisterte Kinderporträtistin – mit dem eigenen Sohn als Modell.

Kerstin Mosny
besuchte eine Fachschule für Fotografie in der französischen Schweiz. Danach arbeitete sie als Assistentin bei verschiedenen Fotografen, unter anderem bei dem Food-Fotografen Jürgen Tapprich in Zürich. Seit März 1985 arbeitet sie im Studio für Lebensmittelfotografie Teubner.

This edition published by Parragon in 2010

Parragon
Queen Street House
4 Queen Street
Bath BA1 1HE, UK

TheFA.com

Printed under the Licence by Parragon

All information correct at time of creation, October 2009
Photography – © PA Photos
© Evening Standard/Stringer/Getty Images
© Keystone/Stringer/Getty Images

ISBN 978-1-4075-9533-7

Printed in China

THE OFFICIAL ENGLAND LITTLE BOOK OF FOOTBALL TRIVIA AND QUOTES

Written by Jon Reeves

Parragon

Bath · New York · Singapore · Hong Kong · Cologne · Delhi · Melbourne

INTRODUCTION

From the World Cup success of 1966 to the promise of the 2010 World Cup, England fans have enjoyed and endured many memorable moments. Some of the world's finest players have proudly worn the Three Lions badge on their chest, great managers have come and gone, and the famous Wembley Stadium has been knocked down and rebuilt.

With the domestic game in England booming as the Premiership continues to establish itself as the world's 'Premier League', the national team have struggled and sometimes fallen short in recent years. But with the highly experienced and successful Italian coach, Fabio Capello at the helm, maybe the Lions are ready to roar again.

The nation which brought the beautiful game to the world has been one of European football's most highly-rated teams for years, and England's faithful fans have enjoyed many major tournaments, some enthralling football, satisfying victories and plenty of near misses along the way.

England's failure to qualify for the European Championship Finals in 2008 left a proud footballing nation completely shell-shocked. Despite some solid performances at Wembley, the Three Lions struggled when it mattered most against group rivals, Croatia and Russia, and narrowly missed out after an agonising 3-2 Wembley win to the Croats.

Being an England football fan requires passion, nerves of steel and bucket loads of resilience. The team have kept supporters on the edge of their seats as vital qualifying games have come and gone, crucial World Cup and European Championship fixtures have been won and lost, and plenty of penalties have been scored and missed.

Geoff Hurst's famous hat-trick in 1966, the impressive campaign at Italia 1990 and the priceless 5-1 thrashing of Germany in their own backyard in 2001 – there have been plenty of Three Lions highs. But, inevitably, there have also been some lows, such as failing to qualify for the 1974 World Cup, the feelings of injustice following the loss to Argentina in 1986, and the disappointing 2-1 defeat to Russia in 2007.

Take a trip down memory lane, find out more about the men who made the headlines and get up to speed with the England squad. Grab an insight into the players' minds from some candid and entertaining quotes, and soak up the tantalising trivia to become a walking 'Eng-cyclopaedia'.

"I knew I would never hit a better shot so long as I lived. The sound, the feel of the leather on leather was exactly right." – Sir Geoff Hurst recalling the third goal of his World Cup hat-trick in 1966, the goal which sealed victory for England

FABIO CAPELLO - THE MANAGER

Fabio Capello successfully guided the England team to 2010 World Cup qualification after winning at home to Croatia 5-1 in September 2009. It was the team's best start to a World Cup campaign.

Capello's Clubs

Player: SPAL, Roma, Juventus, AC Milan. Manager: AC Milan, Real Madrid, Roma, Juventus.

Playing as a midfielder, Fabio earned 32 international caps for Italy and notched up eight goals. He even scored the winning goal against England as the Italians beat the Three Lions for the first time at Wembley in 1973.

"Fabio is a very good man and manager. His record speaks very clear. He has won titles in Italy." – Sven-Göran Eriksson

Capello's first game as England boss was the friendly fixture against Switzerland at Wembley on 6 February 2008. England won the game 2-1 thanks to Jermaine Jenas and second-half substitute Shaun Wright-Phillips.

"I always said that we are a really good team. Our players are really good players and the confidence we have now has improved a lot. For this reason we can play against the best teams in the world and I think we can win the game."– Fabio Capello

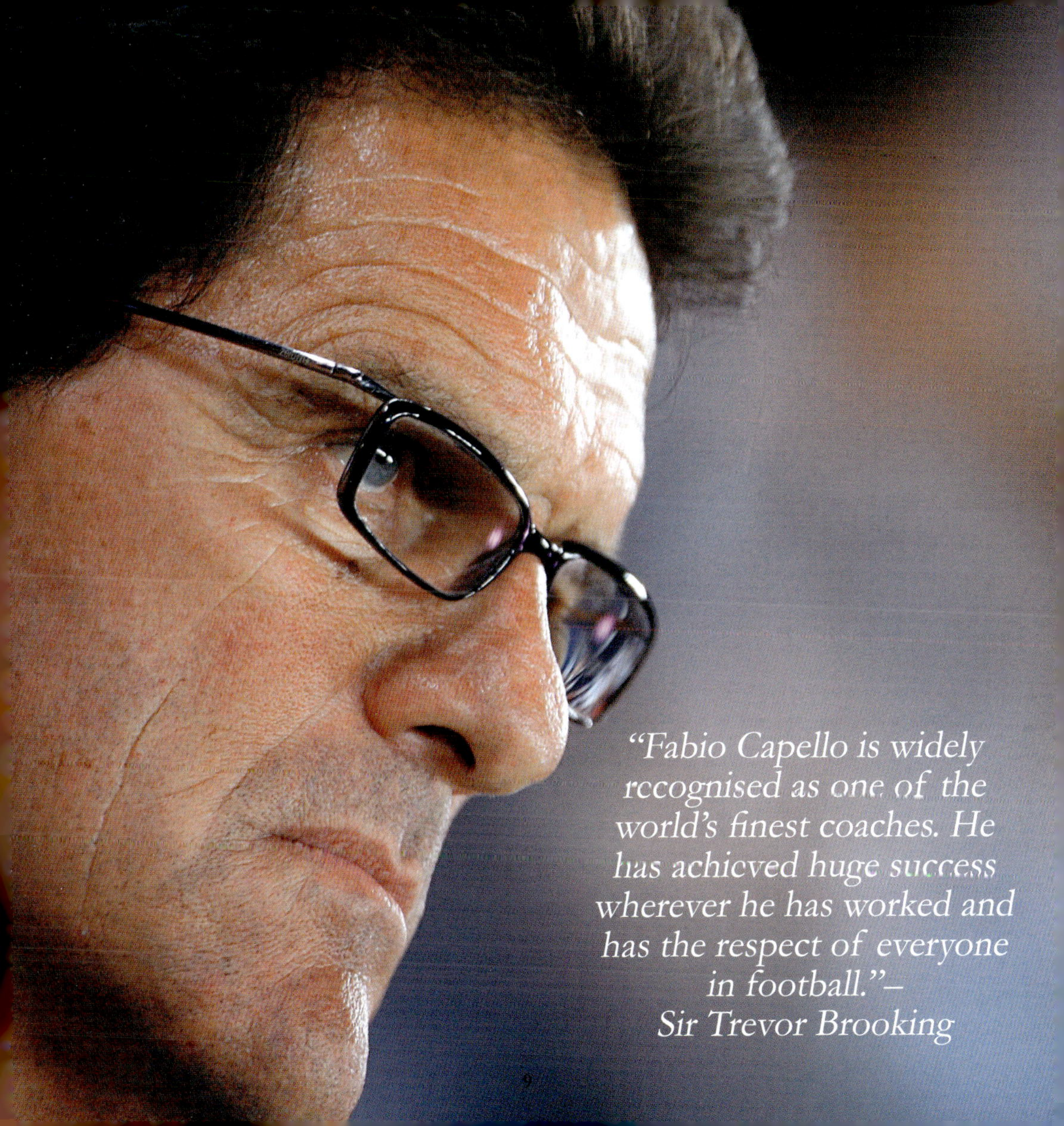

"Fabio Capello is widely recognised as one of the world's finest coaches. He has achieved huge success wherever he has worked and has the respect of everyone in football."–
Sir Trevor Brooking

YOUNGEST PLAYERS

When a young player breaks through into the England team and takes the international scene by storm, it's one of the most exciting sights in football. Many England players made their mark at the highest level at an early age.

Michael Owen debuted against Chile in 1998, aged 18 years and 59 days. He became England's youngest player of the 20th century.

Wayne Rooney made his debut against Australia in 2003 aged 17 years and 111 days.

Theo Walcott broke Rooney's record when he made his international debut against Hungary in 2006. Walcott was just 17 years and 75 days old.

However, Rooney still holds the record for England's youngest scorer. The Manchester United striker struck gold against Macedonia in 2003 when he was just 17 years and 317 days old.

Theo Walcott makes his full England debut against Hungary during their international friendly soccer match at Old Trafford Stadium, Manchester.

Micah Richards clearing the ball during his debut outing against Holland.

Did you know? Micah Richards is England's youngest defender. The Manchester City man broke Rio Ferdinand's record when he made his debut against Holland in 2006 at the age of 18 years and 144 days.

Top Ten Youngest England Goalscorers

1. Wayne Rooney aged 17 years, 317 days on 6 September 2003 v Macedonia, EC Qualifier
2. Michael Owen aged 18 years, 163 days on 27 May 1998 v Morocco, King Hassan II Tournament
3. Tommy Lawton aged 19 years, 16 days on 22 October 1938 v Wales, Home Champ
4. Micah Richards aged 19 years, 75 days on 8 September 2007 v Israel, EC Qualifier
5. Jimmy Greaves aged 19 years, 85 days on 17 May 1959 v Peru, Friendly
6. Joe Baker aged 19 years, 123 days on 18 November 1959 v N Ireland, Home Champ
7. James Brown aged 19 years, 202 days on 18 February 1882 v Ireland, Friendly
8. Duncan Edwards aged 19 years, 237 days on 26 May 1956 v West Germany, Friendly
9. Stanley Matthews aged 19 years, 239 days on 29 September 1934 v Wales, Home Champ
10. Jackie Robinson aged 19 years, 283 days on 20 May 1937 v Finland, Friendly

RECORD BREAKERS

Many England players have experienced the cut and thrust of a major international championship.

The following records state which tournament squads each player has been selected for, the number of games they've played and their goal tally.

Player	World Cup	European Championship	Games (incl. sub)	Goals
Scott Carson	2006	0	0	0
David James	2002, 2006	2004	4	0
Paul Robinson	2006	2004	5	0
Wayne Bridge	2002	2004	2	0
Wes Brown	2002	0	0	0
Ashley Cole	2002, 2006	2004	14	0
Rio Ferdinand	2002, 2006	0	10	1
John Terry	2006	2004	7	0
Gary Neville	2006	1996, 2000	14	0
David Beckham	1998, 2002, 2006	2000, 2004	20	3
Michael Carrick	2006	0	1	0
Stewart Downing	2006	0	3	0
Theo Walcott	2006	-	0	0
Steven Gerrard	2006	2000, 2004	10	3
Jermaine Jenas	2006	0	0	0
Frank Lampard	2006	2004	9	3
Peter Crouch	2006	0	4	1
Emile Heskey	2002	2000, 2004	8	1
Gareth Barry	-	2000	0	0
Wayne Rooney	2006	2004	8	4

In February 2007 Gary Neville earned his 85th England Cap, which put him 9th position in the top 10 most capped players. Along with his brother Phil, the Nevilles hold a record 142 appearances between them.

Wayne Rooney is the youngest player to have featured in the European Championship Finals, and now also holds the record for the most goals scored in a World Cup qualifying campaign, scoring nine goals in the qualification stage of the 2010 World Cup.

David Beckham's trademark long-range free kick against Ecuador at the 2006 World Cup meant he was the first Englishman to score at three separate World Cup Finals.

None of the current England squad has ever appeared any further than the Quarter-finals of a major tournament. The closest the England team has come to a World Cup Final since 1966 was the 1990 World Cup where England reached the Semi-finals against West Germany, losing in a penalty shootout to the eventual tournament winners.

Tournament:

1996 European Championship
Stage: Semi-final
Opponents: Germany
Score after 90 minutes: 1-1
Score after extra-time: 1-1
Penalty shoot out:
Germany won 6-5
Who missed for England?
Gareth Southgate

Tournament:

1998 World Cup
Stage: Second round
Opponents: Argentina
Score after 90 minutes: 2-2
Score after extra-time: 2-2
Penalty shoot out:
Argentina won 4-3
Who missed for England?
Paul Ince and David Batty

Tournament:

2004 European Championship
Stage: Quarter-final
Opponents: Portugal
Score after 90 minutes: 1-1
Score after extra-time: 2-2
Penalty shoot out:
Portugal won 6-5
Who missed for England?
David Beckham and Darius Vassell

Tournament:

2006 World Cup
Stage: Quarter-final
Opponents: Portugal
Score after 90 minutes: 0-0
Score after extra-time: 0-0
Penalty shoot out:
Portugal won 3-1
Who missed for England?
Frank Lampard, Steven Gerrard and Jamie Carragher

MAJOR HONOURS

A list of the England squad's honours.

Player	League Title	Cups	Total
David James	1 League Title (1995)	1 FA Cup (2008)	2
Wayne Bridge	2 English Premier League (2005, 2006)	1 League Cup (2007) 1 FA Cup (2007)	4
Wes Brown	6 English Premier League (1999, 2000, 2001, 2003, 2007, 2008)	2 FA Cups (1999, 2004) 1 League Cup (2006) 1 Champions League (2008)	10
Jermain Defoe	-	-	0
Ashley Cole	2 English Premier League (2002, 2004)	5 FA Cups (2002, 2003, 2005 2007, 2009) 1 League Cup (2007)	8
Rio Ferdinand	4 English Premier League (2003, 2007, 2008, 2009)	2 League Cups (2006. 2009) 1 Champions League	7
Gary Neville	8 English Premier League (1996, 1997 1999, 2000, 2001, 2003, 2007, 2009)	3 FA Cups (1996, 1999, 2004) 2 Intercontinental Cup (1999, 2008) 1 League Cup (2006) 1 Champions League (2008)	15
David Beckham	6 English Premier League (1996, 1997 1999, 2000, 2001, 2003) 1 Spanish La Liga (2007)	2 FA Cups (1996, 1999) 1 Champions League (1999)	10
Michael Carrick	3 English Premier League (2007, 2008, 2009)	1 Champions League (2008)	4
John Terry	2 English Premier League (2005, 2006)	3 FA Cups (2000, 2007, 2009) 2 League Cups (2005, 2007)	7
Stewart Downing	0	1 League Cup (2004)	1
Steven Gerrard	0	2 FA Cups (2001, 2006) 2 League Cups (2001, 2003) 1 Champions League (2005) 2 European Super Cups	7

Player	League Title	Cups	Total
Aaron Lennon		1 Carling Cup (2008)	1
Frank Lampard	2 English Premier League (2005, 2006)	2 FA Cups (2007, 2009) 2 League Cups (2005, 2007) 1 European Intertoto Cup (1999)	7
Shaun Wright-Phillips	1 English Premier League (2006)	1 FA Cup (2007) 1 League Cup (2007)	3
Peter Crouch	0	1 FA Cup (2006)	1
Emile Heskey	0	1 FA Cup (2001) 1 European Super Cup (2001) 1 UEFA Cup (2001 4 League Cup (1997, 2000, 2001 2003)	7
Gareth Barry	0	1 Intertoto Cup 2001	1
Wayne Rooney	3 English Premier League (2007, 2008, 2009)	1 League Cup (2006) 1 UEFA Champions League (2008)	5

"You just have to deal with it and, for me, that means playing my normal game. If you start doing things differently, that's when things can go wrong." – Paul Robinson on preparing for the 2006 World Cup

ENGLAND GOALKEEPERS

David James

Club: Portsmouth
Previous clubs: Include Manchester City, West Ham United
England debut: 29 March 1997, against Mexico

David played in all of England's matches during Euro 2004. James is the first Portsmouth player to play for England since Mark Hateley in 1984.

Scott Carson

Club: West Bromwich Albion
Previous clubs: Include Aston Villa (on loan), Sheffield Wednesday (on loan)
England debut: 16 November 2007, against Austria

Scott's younger brother, Grant Carson, is also a goalkeeper, for Carlisle United. Scott Carson previously held the record for most appearances for the England Under-21 side, with 29 in total.

Robert Green

Club: West Ham United
Previous clubs: Include Norwich City
England debut: 31 May 2005, against Colombia

Green was called into the England squad for the first time for the friendly in Sweden in March 2004, before making his England debut in May 2005, coming on to replace David James at half-time.

Ben Foster

Club: Manchester United
Previous clubs: Include Stoke City
England debut: 7 February 2007, against Spain

After his debut in 2007 Ben Foster was not selected to play for England for two years, but Fabio Capello finally picked him following a great performance in the League Cup Final, and he collected his second cap in a friendly against Slovakia in March 2009.

David James in England action against Slovakia in 2009.

"He is a fantastic manager and as far as the competitive fixtures go, is getting the best out of the team and has established a level of belief in the squad."– David James on Fabio Capello

Paul Robinson at the 2006 World Cup.

Paul Robinson

Club: Blackburn Rovers
Previous clubs: Include Tottenham Hotspur, Leeds United
England debut: 12 February 2003, against Australia

Spurs goalkeeper Paul Robinson has earned over 40 caps for his country and been a consistent custodian in the Premier League.

ENGLAND DEFENDERS

Rio Ferdinand

Club: Manchester United
Previous clubs: Include Leeds United, AFC Bournemouth (on loan), West Ham United
England debut: 15 November 1997, against Cameroon

In the 10 World Cup matches Rio has played for England, the Three Lions kept seven clean sheets and conceded just four goals.

Matthew Upson

Club: West Ham United
Previous clubs: Include Birmingham City, Reading (on loan)
England debut: 22 May 2003, against South Africa

Fabio Capello chose Upson for his first game in charge, a Wembley friendly against Switzerland in February 2008. His brave tackling and clearing headers have won him an established place in the squad.

John Terry

Club: Chelsea
Previous clubs: Include Nottingham Forest (on loan)
England debut: 3 June 2003, against Serbia & Montenegro

JT was first named as England captain in August 2006. His brother Paul is also a professional footballer and has played for Leyton Orient.

Ashley Cole

Club: Chelsea
Previous clubs: Include Arsenal, Crystal Palace (on loan)
England debut: 28 March 2001, against Albania

Ashley is one of the finest left-backs in the world due to his tight defensive displays, pace and creativity going forward. He was voted into the UEFA Team of the Tournament at Euro 2004.

Wayne Bridge

Club: Manchester City
Previous clubs: Include Fulham (on loan), Chelsea, Southampton
England debut: 13 February 2002, against Holland

Wayne came on twice as a substitute in the 2002 World Cup, and played left midfield during the qualifying stages of the 2006 World Cup, but unfortunately lost out to injury and missed the later stages. Wayne played in three of the winning matches on the way to the 2010 World Cup.

England's Group for the 2010 World Cup Qualifying Campaign
Group 6
Andorra
Belarus
Croatia
England
Kazakhstan
Ukraine

Wes Brown

Club: Manchester United
Previous clubs: None
England debut: 28 April 1999, against Hungary

Despite being a regular in the England squad for almost a decade, Wes has never featured in a fixture at a major international championship.

"John has all the attributes an international captain needs – leadership, authority, courage, ability, tactical awareness and a total refusal to accept second-best." – Steve McClaren on John Terry

ENGLAND MIDFIELDERS

Frank Lampard slotting home a penalty in England's friendly fixture against Slovenia in 2009.

Frank Lampard

Club: Chelsea
Previous clubs: West Ham United, Swansea City (on loan)
England debut: 10 October 1999, against Belgium

In 2005 Lampard was a runner-up to Brazilian maestro Ronaldinho twice, firstly in the European Footballer of the Year award and secondly in the FIFA World Player of the Year Award.

Steven Gerrard

Club: Liverpool
Previous clubs: None
England debut: 31 May 2000, against Ukraine

Steven was named England's vice-captain in August 2006 and he captained the Three Lions for Fabio Capello's first game in charge in February 2008.

David Beckham

Club: LA Galaxy
Previous clubs: Include AC Milan (on loan), Real Madrid, Manchester United
England debut: 1 September 1996, against Moldova

"You need the confidence in him to go out and pick the right players and also to be ruthless. That's what we need in a new manager." – David Beckham

Other Midfielders
Shaun Wright-Phillips
Gareth Barry
Aaron Lennon
Stewart Downing
Ashley Young
James Milner

Did You Know?
Before Wayne Rooney became the Official England Fans' Player of the Year in 2008, the previous five winners had all been midfielders.

Michael Carrick

Club: Manchester United
Previous clubs: Tottenham Hotspur, Birmingham City (on loan), Swindon Town (on loan), West Ham United
England debut: 25 May 2001, against Mexico

Michael Carrick in England action against Slovenia in 2009.

Year	Player
2003	David Beckham
2004	Frank Lampard
2005	Frank Lampard
2006	Owen Hargreaves
2007	Steven Gerrard
2008	Wayne Rooney

ENGLAND STRIKERS

England's Euro 2008 Qualifying Campaign

2 September 2006	Andorra	H	W	5-0
6 September 2006	Macedonia	A	W	1-0
7 October 2006	Macedonia	H	D	0-0
11 October 2006	Croatia	A	L	0-2
24 March 2007	Israel	A	D	0-0
28 March 2007	Andorra	A	W	3-0
6 June 2007	Estonia	A	W	3-0
8 September 2007	Israel	H	W	3-0
12 September 2007	Russia	H	W	3-0
13 October 2007	Estonia	H	W	3-0
17 October 2007	Russia	A	L	1-2
21 November 2007	Croatia	H	L	2-3

Top of Final Group E Table

Team	Pld	W	D	L	Pts
Croatia	12	9	2	1	29
Russia	12	7	3	2	24
England	12	7	2	3	23

"As an Englishman, you want the best man for the job who is going to try and help us win trophies. And personally I think he is the best man. Hopefully we can win something for him and help him become a legend for England." – Wayne Rooney on Fabio Capello

Wayne Rooney

Club: Manchester United
Previous club: Everton
England debut: 12 February 2003, against Australia

Rooney became England's youngest ever scorer in 2003. He was just 17 years and 317 days old.

Wayne Rooney strikes on goal against Croatia in a World Cup Qualifier in 2009.

Peter Crouch

Club: Tottenham Hotspur
Previous clubs: Include Portsmouth, Liverpool, Southampton, Norwich City (on loan), Aston Villa
England debut: 31 May 2005, against Colombia

At 6ft 7in Peter is the tallest player to ever play for the Three Lions.

Jermain Defoe

Club: Tottenham Hotspur
Previous clubs: Portsmouth, Tottenham Hotspur, AFC Bournemouth (on loan), West Ham United
England debut: 31 March 2004, against Sweden

Jermain scored in ten successive League games when he was on loan at Bournemouth.

"He has an aura about him. When he walks into a room everyone takes notice. That is something you need from an England manager." – Peter Crouch on Fabio Capello

Emile Heskey

Club: Aston Villa
Previous clubs: Wigan Athletic, Birmingham City, Liverpool, Leicester City
England debut: 28 April 1999 against Hungary

Heskey became the first England player to be capped whilst playing for Wigan Athletic in 2008. He played his 50th game for England on 15th October 2008, against Belarus in the 2010 World Cup Qualifier.

Top Ten Youngest England Captains

1. *Bobby Moore aged 22 years, 46 days on 29 May 1963 v Czechoslovakia, Friendly*
2. *Tinsley Lindley aged 22 years, 99 days on 4 Feb 1888 v Wales, Home Champ*
3. *Michael Owen aged 22 years, 123 days on 17 Apr 2002 v Paraguay, Friendly*
4. *Cuthbert Ottaway aged 22 years, 133 days on 30 Nov 1872 v Scotland, Friendly*
5. *William Rawson aged 22 years, 140 days on 3 March 1877 v Scotland, Friendly*
6. *Percy Melmoth Walters aged 22 years, 164 days on 13 Mar 1886 v Ireland, Home Champ*
7. *Stan Cullis aged 22 years, 209 days on 24 May 1939 v Romania, Friendly*
8. *Basil Patchitt aged 22 years, 281 days on 21 May 1923 v Sweden, Friendly*
9. *William Moon aged 22 years, 282 days on 6 Apr 1891 v Scotland, Home Champ*
10. *Gilbert Oswald Smith aged 23 years, 102 days on 7 Mar 1896 v Ireland, Home Champ*

WORLD CUP

The 2010 World Cup promises to be a defining moment in English football, having qualified in great form. A 5-1 victory over Croatia at Wembley Stadium in September 2009 meant the team achieved the best start to a World Cup campaign they had ever accomplished, qualifying with two games to spare.

From glorious campaigns which unite the whole country, like Euro 1996, Italia 1990 and, of course, the 1966 World Cup win, to the

Year	*Hosts*	*England's Performance*	*Winners*
1930	*Uruguay*	*Did not enter*	*Uruguay*
1934	*Italy*	*Did not enter*	*Italy*
1938	*France*	*Did not enter*	*Italy*
1950	*Brazil*	*Round 1*	*Uruguay*
1954	*Switzerland*	*Quarter-finals*	*West Germany*
1958	*Sweden*	*Round 1*	*Brazil*
1962	*Chile*	*Quarter-finals*	*Brazil*
1966	*England*	*Winners*	*England*
1970	*Mexico*	*Quarter-finals*	*Brazil*
1974	*West Germany*	*Did not qualify*	*West Germany*
1978	*Argentina*	*Did not qualify*	*Argentina*
1982	*Spain*	*Round 2*	*Italy*
1986	*Mexico*	*Quarter-finals*	*Argentina*
1990	*Italy*	*Semi-finals*	*West Germany*
1994	*USA*	*Did not qualify*	*Brazil*
1998	*France*	*Round 2*	*France*
2002	*Japan & South Korea*	*Quarter-finals*	*Brazil*
2006	*Germany*	*Quarter-finals*	*Italy*
2010	*South Africa*	*Qualified*	*TBC*

disappointing displays and feelings of injustice that have left a bitter taste in the mouth, such as the Euro 2004 exit and Maradona's infamous 'hand of God'. Throughout it all, England have played their part in some of football's most memorable moments.

The hosts of the World Cup have also been the eventual winners on six occasions, including England's 1966 success.

As three-time winners, Uruguay, Italy and Brazil would have been presented with the Jules Rimet trophy to keep, had they won the World Cup in 1966.

Brazil did manage to get their hands on the trophy four years later, after claiming the 1970 title. Before the 1966 World Cup in England the Jules Rimet trophy was stolen from an exhibition. Thankfully it was later recovered by a dog named Pickles.

England and West Germany line-up for the 1966 World Cup Final at Wembley.

WORLD CUP HOT SHOTS

The table at the bottom of the page lists England's top scorers at each World Cup they've played in, and the winner of FIFA's golden boot for each tournament's top scorer.

Bobby Moore and Martin Peters celebrating at Wembley in 1966.

Steven Gerrard (centre), scoring in the World Cup group game against Sweden in 2006.

Year	England's Top Scorer	Tournament's Top Scorer	Country
1950	Wilf Mannion & Stan Mortensen – 1 goal	Ademir – 9 goals	Brazil
1958	Derek Kevan – 2 goals	Just Fontaine – 13 goals	France
1962	Ron Flowers – 2 goals	Garrincha - All scored 4 goals	Brazil
		Vava	Brazil
		Lionel Sanchez	Chile
		Drazen Jerkovic	Yugoslavia
		Florian Albert	Hungary
		Valentin Ivanov	USSR
1966	Geoff Hurst – 4 goals	Eusebio – 9 goals	Portugal
1970	Allan Clarke – 1 goal	Gerd Muller – 9 goals	W Germany
	Geoff Hurst – 1 goal		
	Alan Mullery – 1 goal		
	Martin Peters – 1 goal		
1982	Trevor Francis & Bryan Robson – 2 goals	Paulo Rossi – 6 goals	Italy
1986	Gary Lineker – 6 goals	Gary Lineker – 6 goals	England
1990	Gary Lineker – 4 goals	Salvatore Schillaci – 6 goals	Italy
1998	Alan Shearer & Michael Owen – 2 goals	Davor Suker – 6 goals	Croatia
2002	Michael Owen – 2 goals	Ronaldo – 8 goals	Brazil
2006	Steven Gerrard – 2 goals	Miroslav Klose – 5 goals	Germany

Gary Lineker, England's top scorer for two World Cup tournaments, in action against West Germany in 1990.

Michael Owen is the youngest player to appear for England at a World Cup. He was just 18 years and 190 days old when he came on as a second-half substitute against Romania at France 1998. Four days later, in England's contest against Colombia, he became the youngest player to ever start for the Three Lions in a World Cup at 18 years and 194 days.

England's World Cup XI
1. Gordon Banks
2. George Cohen
3. Stuart Pearce
4. Nobby Stiles
5. Bobby Moore
6. Terry Butcher
7. Alan Ball
8. Paul Gascoigne
9. Gary Lineker
10. Geoff Hurst
11. Bobby Charlton

Did you know?
Teddy Sheringham holds the record for most substitute appearances for England. The much travelled striker was brought on 21 times during his Three Lions career.

A Record of the Biggest World Cup Wins

Year	Result
1982	Hungary 10 – 1 El Salvador
1954	Hungary 9 – 0 South Korea
1974	Yugoslavia 9 – 0 Zaire
1938	Sweden 8 – 0 Cuba
1950	Uruguay 8 – 0 Bolivia
2002	Germany 8 – 0 Saudi Arabia

Teddy Sheringham (left) after coming on as a substitute against Greece in 2001.

1966 WORLD CUP

It was England's turn to host the World Cup in 1966, which ensured automatic qualification for the Three Lions.

The new manager, Alf Ramsey, declared that England would win the Jules Rimet trophy, showing supreme confidence in the players and his own ability.

Despite the excitement and expectation in England, the team started slowly. The light blue shirts of the Uruguayans massed in defence throughout the opening game of the tournament, and England could not find a way through.

The game against Mexico started in a similar way, until a Bobby Charlton thunderbolt and a Roger Hunt clincher. The often unsung hero, Hunt, followed with two goals against France, and England marched into the Quarter-finals.

The games were getting tougher and Argentina continually frustrated England, until Antonio Rattin, the Argentinian captain, was sent off. It took a late header from Geoff Hurst to secure a place in the Semi-finals against Portugal.

Two trademark goals from Bobby Charlton set England on the march, and the defence withstood Portugal's late rally and Eusebio's penalty. Ramsey's men had made the Final!

England	*0*	*Uruguay*	*0*
England	*2*	*Mexico*	*0*
England	*2*	*France*	*0*
England	*1*	*Argentina*	*0*
England	*2*	*Portugal*	*1*

"Look at them. They're finished." – Alf Ramsey's extra-time pep-talk to England as the German side sat down on the Wembley turf

STAR PLAYERS

Geoff Hurst

England's hat-trick hero in the Final came into the side at the Quarter-final stage, following an injury to Jimmy Greaves. Hurst scored the winning goal against Argentina and kept his place in the team for the Final, even with Greaves back to full fitness. Hurst was capped 49 times, scoring 24 goals.

Bobby Moore

If Hurst was the star of the World Cup Final, Moore was the man of the Competition, hardly putting a foot wrong throughout the tournament. Moore played 108 matches, 90 as captain, the latter a record which he shares with Billy Wright.

Bobby Charlton

The driving force of the England team throughout the 1960s, Bobby Charlton could hit a ball with great power using either foot and was a tireless worker playing in an advanced midfield role. He scored plenty of vital goals for his country including some crucial strikes during the 1966 World Cup.

Gordon Banks

Probably England's best ever goalkeeper, Gordon Banks was in fine form during the 1966 World Cup. Banks was great at commanding his area and claiming high crosses. He represented his country on 73 occasions.

1966 England World Cup Squad	
Gordon Banks	*Ron Springett*
George Cohen	*Peter Bonetti*
Ray Wilson	*Jimmy Armfield*
Nobby Stiles	*Gerry Byrne*
Jack Charlton	*Martin Peters*
Bobby Moore	*Ron Flowers*
Alan Ball	*Norman Hunter*
Jimmy Greaves	*Terry Paine*
Bobby Charlton	*Ian Callaghan*
Geoff Hurst	*Roger Hunt*
John Connelly	*George Eastham*

1966 WORLD CUP

The Final was played at Wembley Stadium on 30 July 1966.

Could Alf Ramsey deliver what he'd promised, a first World Cup for his country? England began nervously, and Helmut Haller pounced on an error to put the West Germans ahead. Hurst equalised with another header from a Bobby Moore free-kick. With 12 minutes to go, Martin Peters smashed in a loose ball to make it 2-1 to England.

The Three Lions were almost home, but then, deep into injury-time, a disputed free-kick was awarded, and Wolfgang Weber scored the equaliser.

Martin Peters celebrates scoring England's second goal of the 1966 Final.

"We were the world champions, which was a fantastic feeling. I knew that life for me would never be the same again."
– Sir Bobby Charlton

Inspirational captain Bobby Moore holds the Jules Rimet trophy aloft.

"I have to admit that I had a bit of sympathy for the Germans. They genuinely believed the ball had not crossed the line, and they may be right." – Sir Geoff Hurst

It would be the second World Cup Final to go to extra-time. The players summoned up the required energy to re-take the lead. A probing run from Alan Ball down the right lead to a deep cross and shot from Hurst. The ball cannoned off the underside of the bar and was controversially declared a goal. The Germans protested but the officials were having none of it. England were 3-2 up.

With seconds of the game remaining, Hurst removed all doubt by rifling home a shot into the roof of the net, following a perfectly measured long-ball from Bobby Moore. It was the classic hat-trick – header, right foot, left foot – and remains the only one scored in a World Cup Final.

Ramsey's prediction had come to pass. He had made a sound defence even more solid, and given the team more weight and bite in midfield, without sacrificing too much attacking flair. The team dubbed the 'wingless wonders' had brought home the World Cup, with a win of 4-2.

First Round: Group 1

Team	Pts	Pld	W	D	L	GF	GA
England	5	3	2	1	0	4	0
Uruguay	4	3	1	2	0	2	1
Mexico	2	3	0	2	1	1	3
France	1	3	0	1	2	2	5

1970 WORLD CUP

As World Cup holders, England set out to defend their title in Mexico in 1970.

Their preparations were thrown into chaos during a warm-up tour when skipper Bobby Moore was falsely accused of jewellery theft in Colombia and arrested.

When the tournament kicked off, the team didn't let the furore surrounding their captain affect them. Victories over solid European opposition made sure they reached the Quarter-finals.

England's most impressive performance came in their second group match against Brazil. Ramsey's men were beaten 1-0, despite Gordon Banks making one of the finest saves ever seen and Bobby Moore's imperious defending keeping Pelé quiet for large periods. A sharp Jairzinho goal and a miss by Jeff Astle ensured that Brazil edged the victory.

England eagerly awaited the chance of revenge in the Final, but it was not to be. The Quarter-final against West Germany seemed to be going in England's favour, as they created a 2-1 lead.

Then Ramsey took off Bobby Charlton – in what turned out to be his last appearance for his country – to rest him for the Semi-final. Franz Beckenbauer, freed from marking Charlton, inspired a recovery as both he and Uwe Seeler scored to pull the scores level. Peter Bonetti, a replacement in goal for Gordon Banks, who was stricken with food poisoning, struggled as the Germans forced extra-time. Gerd Muller grabbed the winner and ended England's defence of their title.

England 1 Romania 0
England 0 Brazil 1
England 1 Czechoslovakia 0
England 2 West Germany 3 (aet)

*"I still get cxcited when I see the save on TV; it's been shown so many times, and of course it's nice when people talk about it being the greatest save ever." –
Gordon Banks*

Two of the game's greats, Bobby Moore and Pelé, shake hands and embrace at the end of England's 1-0 defeat to Brazil in 1970.

Gordon Banks is arguably the finest goalkeeper England has ever produced.

"I thought it was a goal. There's one take on TV where you can see that I started to jump, to say 'Goal…' then I say, 'Oh…' It was a fantastic save and it shows that sometimes it's not just goals that people remember." – Pelé

1986 WORLD CUP

England sealed qualification for the Mexico Finals after winning a group which included Northern Ireland and Romania.

On reaching the tournament, England made things difficult for themselves. They lost to Portugal in the opening match and drew with Morocco. In this game, Ray Wilkins became the first English player to be sent off in a World Cup. A hat-trick from Gary Lineker against Poland helped him on his way to winning the Golden Boot. England went forward to face Paraguay in the Aztec Stadium. Two more goals from Lineker and one from Peter Beardsley put them into the Quarter-finals.

"It wasn't the 'hand of God'. It was the hand of a rascal. God had nothing to do with it." – Sir Bobby Robson

In a pulsating match, Maradona's 'hand of God' goal was followed by a magnificent solo effort by the talented Argentinian player to make it 2-0. Then manager Bobby Robson brought on John Barnes.

England 0 Portugal 1
England 0 Morocco 0
England 3 Poland 0
England 3 Paraguay 0
England 1 Argentina 2

"The goal was scored a little bit by the hand of God and a little bit by the head of Maradona." – Diego Maradona

Barnes terrorised the Argentine defence, and made one (and nearly another) opportunity for Lineker to score. England came within a hairbreadth of extra-time. Yet England were out, and Argentina went on to lift the trophy.

"No one could believe it. Everyone ran up to the referee, I ran up to him… it was just incredible that the goal was given. It's still hard to believe."
– Peter Shilton

Did you know?
There were two players with the same first and last names in the 1986 World Cup squad. Defenders Gary Stevens of Everton and Gary Stevens of Spurs were in Bobby Robson's 22.

Diego Maradona executes his infamous 'hand of God' goal, leaving England players and fans in disbelief.

1990 WORLD CUP

Qualifying second behind Sweden in a rather lacklustre fashion did not give England great hopes for Italy, particularly after the disappointing 1988 European Championship campaign.

After an early goal by Gary Lineker, England faded in the first group match against Ireland and drew 1-1.

The following match against the European champions, Holland, was a distinct improvement, with Paul Gascoigne beginning to make a name for himself as a quality player.

A forgettable game against Egypt was enlivened by a rare Mark Wright-headed goal, and England moved into the last 16. There, a cat-and-mouse match with the Belgians was finally won when David Platt volleyed from a lofted Gascoigne free-kick, just as extra-time expired. Another goal from Platt and a brace of Lineker penalties were enough to see off the spirited challenge from Cameroon in the Quarter-finals.

West Germany awaited England for the Semi-finals in Turin. It was a close game, with few clear chances to either side, until Andreas Brehme's free kick was wickedly deflected via Paul Parker's back past Peter Shilton.

England 1 Ireland 1
England 0 Netherlands 0
England 1 Egypt 0
England 1 Belgium 0 (aet)
England 3 Cameroon 2 (aet)
England 1 West Germany 1 (aet: West Germany won 4-3 on penalties)
England 1 Italy 2 (Third Place Play-off)

"The instant the ref waved that yellow card in front of my nose, I knew that no matter the result, my World Cup was over..." – Paul Gascoigne

"I watched Italia 1990 with my mum, dad and brother, leaping around when the penalties were on." – Steven Gerrard

But England fought back and Gary Lineker, surrounded by German defenders, swivelled to slide home the equaliser.

Chris Waddle hit the post from a distance in extra-time and Paul Gascoigne was booked, meaning he'd miss the Final if England got there. As the tears of disappointment and desperation rolled down Gazza's face, a legend was born.

England continued to press for a winner, but with the Germans defending in numbers, extra-time was soon up and the teams were set for the dramatic denouement of penalties. The Germans didn't miss, but England stars Waddle and Stuart Pearce did, and England crashed out of the World Cup.

The third and fourth play-off match was against Italy, but England were defeated and finished in fourth place.

Paul 'Gazza' Gascoigne keeps the ball under his spell during the 1990 World Cup Semi-final with West Germany.

1998 WORLD CUP

The 16th World Cup took place in France, and was eventually won by its hosts in 3-0 in a Final with the 1994 World Champions, Brazil. This was the first tournament that had 32 teams in the Finals. The teams were divided into eight groups of four; the winners and runners-up from each group went through to the knockout stages.

Glenn Hoddle's England team were drawn in Group G along with Romania, Colombia and Tunisia. Alan Shearer and Paul Scholes scored two goals in the team's first game against Tunisia, winning 2-0. England lost their second game against the Group's eventual winners Romania, but went on to win against Colombia 2-0 making them runners-up in Group G.

In the second round England faced rivals Argentina. Michael Owen, then 18 years old, scored a stunning goal in the first half, but his brilliance was overshadowed by David Beckham's red card in the second half. Beckham was sent off after he kicked Argentinean Diego Simeone from the ground and

David Beckham celebrates after scoring his first goal in the 1998 World Cup against Colombia.

under the referee's gaze. England drew 2-2 with the twice World Champions after 90 minutes and the game went to 'dreaded' penalties. The hard-fought game came to an uninspiring end, with Argentina scoring four penalties to England's three. England's Paul Ince and David Batty missed their all-important shots.

The host nation France and the defending champions Brazil met at Stade de France to battle for the FIFA World Cup Trophy. The Final began with Zinedine Zidane scoring two headers, and the game concluded with a late goal for Emmanuel Petit in a 3-0 victory for first-time winners France.

The England Squad before their 1998 World Cup second-round match against Argentina.

2002 WORLD CUP

Being drawn with Germany in the 2002 qualifying group for Japan and Korea was tough enough – losing 1-0 in the last match at the old Wembley Stadium was devastating.

Keegan resigned as manager, and Sven-Göran Eriksson took over. Results stabilised, until England went to Munich and chalked up a memorable 5-1 victory. Even then, it needed David Beckham's last-minute free-kick in the final fixture against Greece to ensure automatic qualification.

In the second tournament match, Argentina conceded a penalty which Beckham hammered home.

A stalemate against Nigeria took England into the last 16, where they outplayed Denmark with goals from Rio Ferdinand, Michael Owen and Emile Heskey.

Robbie Fowler takes on the Denmark defence in the second round of the 2002 World Cup.

Owen snatched the lead against Brazil in the Quarter-finals. But then, just before half-time, a slick passing move saw Rivaldo slide the ball home. In the second half, Ronaldinho's long-range free-kick deceived Seaman and, although the Brazilian was soon sent off, England slumped out of the competition.

England World Cup Squad 2002
David Seaman, Danny Mills, Sol Campbell, Rio Ferdinand, Ashley Cole, David Beckham, Paul Scholes, Nicky Butt, Trevor Sinclair, Michael Owen Emile Heskey, Robbie Fowler, Wes Brown Nigel Martyn, Wayne Bridge, Martin Keown, Gareth Southgate, Teddy Sheringham, Owen Hargreaves, Joe Cole, Darius Vassell, David James, Kieron Dyer

Michael Owen turns to celebrate his goal as Brazil's Lucio and goalkeeper Marcos are left stranded.

2006 WORLD CUP

Qualification in 2006 was relatively straightforward, until Northern Ireland hustled England out of their stride and David Healy's goal grabbed a famous 1-0 win in front of an emotional Belfast crowd.

Fortunately, England managed to beat Austria and Poland at home to ensure they topped the group.

An early strike in the first game against Paraguay was not followed up, and it took the last ten minutes before goals from Peter Crouch and Steven Gerrard put away the Trinidadians.

Excellent goals from Joe Cole and Gerrard seemed to have ended the Swedish jinx, but England conceded a late equaliser.

A scrappy game against Ecuador was won by another Beckham free-kick, before Rooney was sent off against Portugal, and England were compelled to mount a rearguard action. Nevertheless, with Owen Hargreaves putting in an heroic all-action performance, England had a few chances to win the match, before losing again on penalties.

England 1 Paraguay 0
England 2 Trinidad & Tobago 0
England 2 Sweden 2
England 1 Ecuador 0
England 0 Portugal 0 (aet: Portugal won 3-1 on penalties)

"I was sure these players could get to the Final and we should have done it. I'm sorry for the fans, who have been fantastic, that we couldn't give them a Final." – Sven-Göran Eriksson

ALL STAR TEAM FROM 2006 WORLD CUP

Goalkeepers:
Gianluigi Buffon, Italy
Jens Lehmann, Germany
Ricardo Pereira, Portugal

Defenders:
Roberto Ayala, Argentina
John Terry, England
Lilian Thuram, France
Philipp Lahm, Germany
Fabio Cannavaro, Italy
Gianluca Zambrotta, Italy
Ricardo Carvalho, Portugal

Midfielders:
Zé Roberto, Portugal
Patrick Vieira, France
Zinedine Zidane, France
Michael Ballack, Germany
Andrea Pirlo, Italy
Gennaro Gattuso, Italy
Francesco Totti, Italy
Luís Figo, Portugal
Maniche, Portugal

Forwards:
Hernán Crespo, Argentina
Thierry Henry, France
Miroslav Klose, Germany
Luca Toni, Italy

Zinedine Zidane and Thierry Henry celebrate after scoring against Italy in the 2006 World Cup Final.

2010 WORLD CUP

The 2010 FIFA World Cup will take place between 11 June and 11 July 2010 and will be the first time the tournament has been hosted by an African nation. The competition in South Africa involved 204 national teams in the qualification process, making this sporting event as big as the 2008 Olympics.

QUALIFICATION

The England team were drawn in Group 6, facing Croatia, Ukraine, Belarus, Kazakhstan and Andorra. Fabio Capello's team had been enjoying newfound success under the Italian manager, having lost only two friendlies under Capello's watchful eye.

"We know what it did to the country when we missed out on Euro 2008. It put the country in a bad state – everyone was thinking we weren't good enough."– Ashley Cole

ENGLAND 2-0 ANDORRA

On 6 September 2008, at the Olimpico do Montjuic in Barcelona, England's opening World Cup Qualifier got off to a slow start. It wasn't until Joe Cole came on in the second half that the pace picked up and he scored his first goal of the night, shortly followed by a second goal six minutes later. Fabio Capello's team had secured their first win with a 2-0 scoreline.

ENGLAND 4-1 CROATIA

On 10 September 2008, at the Maksimir Stadium in Zagreb, England defeated Croatia in a game that will be remembered for Theo Walcott's hat-trick. Walcott scored his first goal in the 26th minute. Shortly after half-time, while Croatia were down to 10 men, Walcott scored his second and Rooney added to the tally. Croatia scored their first goal of the game, but it wasn't enough, and Walcott completed the treble to secure a 4-1 win.

ENGLAND 5-1 KAZAKHSTAN

The England fans had high expectations of their team as they faced Kazakhstan on home soil on 11 October 2008, but were left disappointed after a goalless first half. However, the team made amends, with Rio Ferdinand scoring the first goal of the game, followed by an own goal in England's favour. Despite their opponents pulling one back, Wayne Rooney lifted spirits once more with a goal-scoring header, shortly followed by another goal before Jermain Defoe, who scored the fifth, replaced him.

ENGLAND 3-1 BELARUS

On 15th October 2008, at the Dinamo Stadium in Minsk, Steven Gerrard opened the game in style, with a fantastic strike inside the first 15 minutes. Belarus equalised before the break, but Fabio Capello's men came out fighting in the second half, and regained their lead with Wayne Rooney scoring twice to maintain their top spot in the Group 6 table.

Frank Lampard celebrates scoring against Croatia in a World Cup Qualifier.

2010 WORLD CUP

ENGLAND 2-1 UKRAINE

At Wembley Stadium on 1 April 2009, England took the lead in the 29th minute with a volley from Peter Crouch, but in the second half the visitors took advantage of England's mistakes when Andriy Shevchenko scored an equaliser. It looked like Fabio Capello's team would have to settle for a draw, but John Terry managed to score the winner and maintain the team's perfect record.

ENGLAND 4-0 KAZAKHSTAN

On 6 June 2009 at the Almaty Central Stadium, the game got off to a slow start. Five minutes before the end of the first half Gareth Barry scored, shortly followed by a goal from Emile Heskey. The tempo picked up in the second half and a spectacular scissor-kick from Rooney put England well ahead. David Beckham came on with 15 minutes to go, earning his 111th cap for England and Frank Lampard sealed the victory with a goal from a penalty.

ENGLAND 6-0 ANDORRA

Back at Wembley Stadium on 10 June 2009, Fabio Capello's team secured three goals in each half. Wayne Rooney headed his first within the first five minutes, and then collected his second of the game, and 10th England goal of the season. Frank Lampard then added to the tally before the break. Jermain Defoe replaced Rooney at half-time and also scored twice, with Peter Crouch creating the final goal to seal a great win.

ENGLAND 5-1 CROATIA

On 9 September 2009, at Wembley Stadium, England had more than World Cup qualification in mind. Namely revenge against the team who had ruled them out of Euro 2008. Frank Lampard scored the first goal of the game from a penalty, followed shortly by a second goal set up by Aaron Lennon and completed with a Steven Gerrard header. Lampard and Gerrard both scored another goal. Croatia managed a goal in reply, but Wayne Rooney went on to score his ninth goal of the 2010 World Cup qualification games, to maintain the team's four goal lead.

England goals scored in 2010 World Cup Qualifying games:

Player	Goals Scored	Qualifying game.
Steven Gerrard	3	2 vs. Croatia 9 September 2009
		1 vs. Belarus 15 October 2008
Frank Lampard	4	2 vs. Croatia 9 September 2009
		1 vs. Andorra 10 June 2009
		1 vs. Kazakhstan 6 June 2009
Wayne Rooney	9	1 vs. Croatia 9 September 2009
		2 vs. Andorra 10 June 2009
		1 vs. Kazakhstan 6 June 2009
		2 vs. Belarus 15 October 2008
		2 vs. Kazakhstan 11 October 2008
		1 vs. Croatia 10 September 2008
Peter Crouch	4	1 vs. Andorra 10 June 2009
		1 vs. Ukraine 1 April 2009
		2 vs. Belarus 14 October 2009
Jermain Defoe	3	2 vs. Andorra 10 June 2009
		1 vs. Kazakhstan 11 June 2008
Gareth Barry	1	1 vs. Kazakhstan 6 June 2009
Emile Heskey	1	1 vs. Kazakhstan 6 June 2009
John Terry	1	1 vs. Ukraine 1 April 2009
Rio Ferdinand	1	1 vs. Kazakhstan 11 October 2008
Theo Walcott	3	3 vs. Croatia 10 September 2008
Joe Cole	2	2 vs. Andorra 6 September 2008
Shaun Wright-Phillips	1	1 vs. 2 vs. Belarus 14 October 2009

EUROPEAN CHAMPIONSHIP

Germany have clocked up the most appearances in the European Championship. The three-time champions have participated at 10 separate tournaments.

The overall top scorer in the tournament's history is French legend Michel Platini with nine goals. Next on the list is England's former captain Alan Shearer with a tally of seven.

The Henri Delaunay trophy, which is awarded to the winner of the European Football Championship, is named in honour of the first General Secretary of UEFA. Henri came up with the idea of a European Championship, but died five years prior to the first tournament in 1960.

For the 2008 tournament, the trophy was slightly remodelled and increased

Year	Hosts	England's Performance	Winners
1960	France	Did not enter	USSR
1964	Spain	Did not qualify	Spain
1968	Italy	Semi-finals (finished third)	Italy
1972	Belgium	Did not qualify	West Germany
1976	Yugoslavia	Did not qualify	Czechoslovakia
1980	Italy	Round 1	West Germany
1984	France	Did not qualify	France
1988	West Germany	Round 1	Holland
1992	Sweden	Round 1	Denmark
1996	England	Semi-finals	Germany
2000	Holland & Belgium	Round 1	France
2004	Portugal	Quarter-finals	Greece

in size. The trophy, which is made of sterling silver, now weighs eight kilograms and is 60 centimetres tall.

Euro 2004 winners, Greece, had not won a single match at the Championship prior to their success.

"I want to tell the people in Greece that it is not a dream – we are the champions of Europe. There may have been some teams that were better with the ball, but in every sport, strategy also plays a significant role ... the team developed and improved as the tournament went on." – Triumphant Greek coach Otto Rehhagel

Paul Gascoigne celebrates hitting the target against Scotland at the 1996 European Championship.

EURO HOTSHOTS

Year	England's Top Scorer	Tournament's Top Scorer	Their Country
1968	Geoff Hurst & Bobby Charlton – 1 goal	Dragan Dzajic	Yugoslavia
1980	Trevor Brooking, Ray Wilkins Tony Woodcock – 1 goal	Klaus Allofs – 3 goals	West Germany
1988	Bryan Robson & Tony Adams – 1 goal	Marco Van Basten – 5 goals	Holland
1992	David Platt – 1 goal	Henrik Larsson, Karlheinz Riedle, Dennis Bergkamp & Tomas Brolin – 3 goals	Sweden Germany Holland Sweden
1996	Alan Shearer – 5 goals	Alan Shearer – 5 goals	England
2000	Alan Shearer – 2 goals	Patrick Kluivert & Savo Milosevic – 5 goals	Holland Yugoslavia
2004	Wayne Rooney – 4 goals	Milan Baros – 5 goals	Czech Republic
2008	England did not qualify	David Villa – 4 goals	Spain

Alan Shearer wheels away in distinctive fashion after giving England the lead against Germany at Euro 1996.

Did you know? England were the joint top goalscorers at Euro 2004. Sven-Göran Eriksson's men and the Czech Republic both scored 10 times.

When Wayne Rooney scored in the group stages against Switzerland on 17 June 2004, he became the youngest ever player to score at a European Championship. The record was broken by Swiss striker Johan Vonlanthen just four days later when he scored against France.

David Beckham (right) congratulates Wayne Rooney after he scored against the Swiss at Euro 2004.

"I don't remember anyone of his age having this sort of impact on a major tournament since Pelé in 1958. That was the World Cup in Sweden. He drops into midfield and he can take the ball, hold it, turn with it. He seems to be a complete football player." – Sven-Göran Eriksson on Rooney's impact at Euro 2004

EURO FAST FACTS

Most Caps	*Most Goals*
Gary Neville 11	*Alan Shearer 7*
Tony Adams 9	*Wayne Rooney 4*
Alan Shearer 9	*Frank Lampard 3*
Stuart Pearce 8	*Teddy Sheringham 2*
Sol Campbell 8	*Paul Scholes 2*
David Seaman 7	*Michael Owen 2*
David Platt 7	*Bobby Charlton 1*
David Beckham 7	*Geoff Hurst 1*
Michael Owen 7	*Ray Wilkins 1*
Paul Scholes 7	*Trevor Brooking 1*
Paul Ince 7	*Tony Woodcock 1*
Steve McManaman 6	*Bryan Robson 1*
Martin Keown 6	*Tony Adams 1*
Gareth Southgate 6	
Gary Lineker 6	
Teddy Sheringham 5	
Kenny Sansom 5	
Phil Neville 5	
Darren Anderton 5	
Nicky Barmby 5	

Peter Shilton is the oldest player to represent England at a European Championship. He was 38 years and 8 months old when he played against Holland in Dusseldorf during Euro 1988. This match also brought up his century of international caps.

The European Championship was originally called the UEFA European Nations Cup. The name change took place in 1968.

UEFA initially struggled to find 16 nations willing to compete, with no British Isles countries entering the first tournament.

Five European Championship Final Ties have gone to extra-time (1960, 1968, 1976, 1996 and 2000). Only one has been decided on penalties – the 1976 Final between West Germany and Czechoslovakia.

Goalkeeper David Seaman was one of England's heroes of Euro 1996.

England's European Championship XI

1. David Seaman
2. Gary Neville
3. Stuart Pearce
4. Gareth Southgate
5. Tony Adams
6. Bryan Robson
7. Frank Lampard
8. Paul Gascoigne
9. Wayne Rooney
10. Alan Shearer
11. Steve McManaman

Gary Neville, England's most capped player at a European Championship, on the ball against Portugal at the 2000 tournament.

England's Record in European Championship Finals:

Played	Won	Drawn	Lost	For	Against
23	7	7	9	31	28

Did you know?
The largest attendance in European Championship history was for a Qualifier between England and Scotland at Hampden Park for the 1968 competition. 130,711 fans crammed into the famous stadium.

England's skipper in 1996, Tony Adams, was solid and reliable in the centre of defence.

GERMANY

After analysing England's performances over the years, now it's time to study the opposition. The German team secured first place in their qualifying group for the 2010 World Cup, qualifying with ease, after beating second place Russia 1-0 on 10 October 2009.

The nations on the following pages are some of the most successful in international football and many of them are great rivals of the Three Lions. There have been plenty of memorable encounters over the years, including penalty shootouts with Portugal, galling and glorious encounters against the Germans and fiesty-filled fixtures against Argentina.

Manager: Joachim Low

Most Appearances: Lothar Matthaus – 150
Highest Goalscorer: Gerd Muller – 68

Former German skipper, Lothar Matthaus, holds the record for the most appearances at the World Cup. The midfielder has played 25 times in the tournament.

The 2006 World Cup German squad included four players who were born outside Germany: Miroslav Klose and Lukas Podolski were born in Poland, Oliver Neuville in Switzerland and Gerald Asamoah hailed from Ghana.

League Table:

	Pl	*W*	*D*	*L*	*GF*	*GA*	*GD*	*Pts*
England	***27***	***12***	***5***	***10***	***47***	***34***	***13***	***41***
Germany	***27***	***10***	***5***	***12***	***34***	***47***	***-13***	***35***

Did you know?
Before England's famous 5-1 win over Germany in 2001, Germany had only ever lost one previous World Cup qualifying home match in their history. In the same game Michael Owen became the first England player to score a hat-trick against Germany since Geoff Hurst in 1966 when England won the World Cup.

Serdat Tasci of Germany playing in a match against Wales, in a World Cup 2010 Qualifier.

"I always said and always believed we could beat Germany but I could not believe 5-1." – Sven-Göran Eriksson

Honours:
World Cup: 1954, 1974, 1990
European Championship: 1972, 1980, 1996

First England Fixture: 10 May 1930
Last England Fixture: 19 November 2008

Steven Gerrard, flanked by Sol Campbell (left) and Ashley Cole (right), runs towards the England fans after scoring the second goal in the 5-1 thrashing of Germany in 2001.

ARGENTINA

Manager: Diego Maradona
Most Appearances: Javier Zanetti – 136
Highest Goalscorer: Gabriel Batistuta – 56

Diego Maradona (right) skips round Peter Beardsley during the 1986 World Cup in Mexico.

Juan Roman Riquelme (centre) shields the ball from Luke Young (left) and Ledley King (right) during a friendly in 2005.

Honours:
World Cup: 1978, 1986
Copa America: 1921, 1925, 1927, 1929, 1937, 1941, 1945, 1946, 1947, 1955, 1957, 1959, 1991, 1993

First England Fixture: 9 May 1951
Last England Fixture: 12 November 2005

League Table:

	Pl	W	D	L	GF	GA	GD	Pts
England	14	6	6	2	21	15	6	24
Argentina	14	2	6	6	15	21	-6	12

Argentina have won the Copa America an impressive 14 times. Their last success came in 1993.

In the 2006 World Cup, Argentina's Leandro Cufre was given a red card after the Quarter-final game with Germany had finished. He received his marching orders for his part in the brawl after the match, even though he was a substitute and had not participated in the game itself. It's the only time a player has been sent off in a World Cup after the final whistle.

Did you know?
Argentina have participated in four World Cup Final Ties, winning two, in 1978 and 1986, and losing two in 1930 and 1990.

Four years after being sent off during the knock-out stage of France 1998, David Beckham (centre) has his revenge, slamming home England's winner in the 1-0 victory over Argentina at the 2002 World Cup.

HOLLAND

Manager: Bert van Marwijk
Most Appearances: Edwin Van Der Saar – 121
Highest Goalscorer: Patrick Kluivert – 40

Holland coach Marco Van Basten, on the ball for the Dutch during his playing days.

Holland's Ronald De Boer is put under pressure by Paul Ince at Euro 1996.

Did you know? International strikers Ruud Van Nistelrooy and Patrick Kluivert were born on the same day of the same year. Their shared date of birth is 1 July 1976.

League Table:

	Pl	W	D	L	GF	GA	GD	Pts
England	18	5	9	4	26	21	5	24
Holland	18	4	9	5	21	26	-5	21

Alan Shearer slots in a penalty to open the scoring in 1996.

Holland reached the Final of the 1974 and 1978 World Cups but were beaten on both occasions by countries hosting the tournament – West Germany in 1974 and Argentina in 1978.

Holland's record victory was a 9-0 thrashing of Norway in Rotterdam in 1972.

On June 18 1996, England defeated Holland 4-1. The Wembley crowd had not seen a top-class side demolished in such style for years, and roared their approval. Terry Venables, a former manager of Barcelona, considered it the most vibrant atmosphere he had ever experienced.

Honours:
European Championship: 1988

First England Fixture: 18 May 1935
Last England Fixture: 12 August 2009

Jaap Stam (right) and Andy Cole challenge for the ball during the 2001 match at White Hart Lane.

SCOTLAND

Scotland's joint record goalscorer, Kenny Dalglish, in action for the Tartan Army.

Manager: George Burley
Most Appearances: Kenny Dalglish – 102
Highest Goalscorers: Denis Law and Kenny Dalglish – 30

Paul Scholes jumps highest to give England a 2-0 lead during the 1999 European Championship play-off first leg.

Honours:
None.

First England Fixture: 30 November 1872
Last England Fixture: 17 November 1999

League Table:

	Pl	W	D	L	GF	GA	GD	Pts
England	110	45	24	41	192	169	23	159
Scotland	110	41	24	45	169	192	-23	147

England played Scotland in the first ever international football match on Saturday 30 November 1872. The game was played at the West of Scotland Cricket Ground in Glasgow and the score ended 0-0.

Scotland have qualified for the World Cup Finals on eight occasions but have never gone further than the first round.

Hughie Gallacher holds the record for most goals scored in one Scotland match. Gallacher scored five goals in the 7–3 win against Northern Ireland in February 1929.

Did you know?
Scotland's record victory came in 1901 when they beat Ireland 11-0 in the Home Championship fixture.

"Scotland have a mountain to climb, but if there's one team that is used to that, it's them. There are a lot of mountains around Scotland." – Kevin Keegan following England's 2-0 play-off first leg victory in 1999

Scotland skipper Gary McAllister holds his head in disbelief after David Seaman's spectacular penalty save in 1996.

BRAZIL

Brazil's best player and record goalscoer, the great Pelé.

Manager: Dunga
Most Appearances: Cafu – 142
Highest Goalscorer: Pelé – 77

Lucio of Brazil (left) and England's Ashley Cole chase the ball during the 2002 World Cup Quarter-final.

Honours:
World Cup: 1958, 1962, 1970, 1994, 2002
Copa America: 1919, 1922, 1949, 1989, 1997, 1999, 2004, 2007
Confederations Cup: 1997, 2005

First England Fixture: 9 May 1956
Last England Fixture: 1 June 2007

League Table:

	Pl	W	D	L	GF	GA	GD	Pts
England	22	3	9	10	19	30	-11	18
Brazil	22	10	9	3	30	19	11	39

Brazil are the most successful national team in World Cup history. The Samba stars have won five tournaments and reached 10 Semi-finals. They are the only country to participate in every single one of the 18 World Cups since the first tournament in 1930.

The Olympic football tournament is the only global international competition in football that Brazil have never won.

England's last meeting with Brazil at a major tournament was the Quarter final of the 2002 World Cup. The Brazilians held on for a 2-1 victory, despite playing much of the second half with ten men following Ronaldinho's red card.

After a 3-1 victory over Argentina in September 2009, Brazil qualified for the 2010 World Cup.

Ronaldinho (centre) moves away from Nicky Shorey (left) and England captain John Terry at Wembley in 2007.

"I hoped we'd do better 11 versus 10, but we were tired and Brazil were very good at keeping the ball. Once it was 2-1 we were not strong enough to come back. But, no regrets. We had a great opportunity to reach the Semi-final and we didn't take it." – Sven-Göran Eriksson

Luis Figo, Portugal's most capped player, assesses his options during the 2006 World Cup.

PORTUGAL

Manager: Carlos Queiroz
Most Appearances: Luis Figo – 127
Highest Goalscorer: Pauleta – 47

Cristiano Ronaldo in full flow against England at Euro 2004.

Honours:
None.

First England Fixture: 25 May 1947
Last England Fixture: 1 July 2006

League Table:

	Pl	W	D	L	GF	GA	GD	Pts
England	22	9	10	3	45	25	20	37
Portugal	22	3	10	9	25	45	-20	19

In the 2006 World Cup, Portugal set a record for the number of yellow cards received by a national team in a single World Cup, with a total of 24 bookings.

Portugal have knocked England out of the last two major tournaments: the 2006 World Cup and 2004 European Championship. On both occasions the Three Lions were defeated on penalty kicks.

Since the first World Cup in 1930, Portugal have only qualified for four World Cup tournaments.

Did you know?
Pauleta was the leading goal scorer in the 2006 World Cup Qualifiers but only managed one goal in six games at the actual tournament.

Joy for Portugal and disbelief for England as another major tournament ends with penalty shootout defeat, this time at the 2006 World Cup in Germany.

FRANCE

Thierry Henry, France's record goalscorer on international duty.

Manager: Raymond Domenech
Most Appearances: Lilian Thuram – 142
Highest Goalscorer: Thierry Henry – 50

Zinedine Zidane (below right) leaves Steven Gerrard trailing in his wake during the Euro 2004 Group match.

Honours:
World Cup: 1998
European Championships: 1984, 2000
Confederations Cup: 2001, 2003

First England Fixture: 10 May 1923
Last England Fixture: 26 March 2008

League Table:

	Pl	W	D	L	GF	GA	GD	Pts
England	27	16	4	7	65	33	32	52
France	27	7	4	16	33	65	-32	25

"It was a bit of a mugging and hard to take, but we move on to our next two games knowing we did ourselves proud apart from two minutes in injury time." – Michael Owen on the French turnaround in 2004

Frank Lampard's opening goal for England against France in Euro 2004, put an end to the French team's clean sheet of 11 matches. The last time the French had conceded a goal was against Turkey in the Confederations Cup on 26 June 2003.

In the same match, England led 1-0 until the 90th minute when Zinedine Zidane scored the equaliser, before bagging the winner deep into stoppage time to leave the Three Lions shell-shocked.

Did you know? Les Bleus became the first national team to hold both the World Cup and European Championship crowns when they won the European title in 2000.

The French squad celebrate their 1998 World Cup victory.

Spain's record scorer, Raul, on the attack on the international arena.

SPAIN

Manager: Vicente del Bosque
Most Appearances: Andoni Zubizarreta – 126
Highest Goalscorer: Raul – 44

Gareth Barry (left) and Fernando Torres tussle for possession during a friendly at Old Trafford in 2007.

Honours:
European Championship: 1964

First England Fixture: 15 May 1929
Last England Fixture: 11 February 2009

League Table:

	Pl	W	D	L	GF	GA	GD	Pts
England	22	11	3	8	38	24	14	36
Spain	22	8	3	11	24	38	-14	27

In spite of their impressive qualifying record for the World Cup, and the quality of their players, Spain have only once progressed further than the Quarter-final stage of the tournament – in 1950, when they reached the Semi-finals.

Spain became the first non-British side to beat England when they won 4-3 in a friendly in Madrid in 1929.

Spain's joint biggest defeat came against England in 1931 when they lost 7-1. The Spaniards lost by the same scoreline to Italy in 1928.

Spain topped the leader board in Group 5 to qualify for the 2010 World Cup.

Nicky Butt (right) storms through the Spanish midfield as Pablo misses a tackle during the 2004 friendly.

*Did you know?
Spain and Brazil shared the FIFA Fair Play Award at the 2006 World Cup.*

Tony Adams (left) slides in to deny Jose Caminero during the Quarter-final tie at Euro 1996.

ENGLAND 4 WEST GERMANY 2

Captain, Bobby Moore, celebrates the win with his team-mates.

Relive some of English football's proudest moments and greatest ever matches on the following pages.

The 1966 victory remains England's biggest football achievement to date...

"Some people are on the pitch... they think it's all over...it is now!"

BBC sports commentator Ken Wolstenholme will always be remembered for his famous line at the end of the 1966 World Cup Final.

30 July 1966, Wembley

England: Banks, Cohen, Charlton J, Moore, Wilson, Ball, Stiles, Peters, Hunt, Charlton R, Hurst

"England's best football will come against the right type of opposition – a team who come to play football and not act like animals." – Alf Ramsey reacting angrily to foul play in the Quarter-final against Argentina

Tournament details

Host nation: England
Dates: 11 July – 30 July 1966
Teams: 16 (from 5 confederations)
Venue(s): 8 (in 7 host cities)
Champions: England (1 title)

Tournament statistics

Matches: 32
Goals scored: 89 (2.78 per match)
Attendance: 1,635,000 (51,094 per match)
Top scorer: Eusebio (9 goals)

Did you know?
The 1966 World Cup victory was ranked third of the 100 Greatest Sporting Moments in 2002 by Channel Four.

The 1966 World Cup winning team pose with the trophy.

"I saw him (Bobby Moore) glance up and made the little gesture with my arm that seasons of playing together would tell him I was ready for a pass." – Sir Geoff Hurst describing his winning goal

ENGLAND 4 NORTHERN IRELAND 0

7 February 1979, Wembley

England: Clemence, Neal, Watson, Hughes, Mills, Coppell, Currie, Brooking, Keegan, Latchford, Barnes

It had been 12 long years since England had fought their way through a qualifying group to reach the finals of a major tournament (they had been spared this as defending world champions in Mexico in 1970). Now there was a reasonable opportunity, because they had been drawn in a group with Denmark, Ireland, Northern Ireland and Bulgaria for a place in the 1980 European Championship. An exciting 4-3 victory in Copenhagen was followed by a gritty 1-1 draw in Dublin.

For the next game, Northern Ireland, managed by the legendary Danny Blanchflower, came to Wembley, packed with good players such as Pat Rice, Sammy Nelson, Martin O'Neill, Sammy McIlroy and Gerry Armstrong, and a world-class goalkeeper in Pat Jennings. They were not strangers to the odd win at Wembley.

England's nerves were steadied when Kevin Keegan got the vital goal during the opening half.

Did you know?
Apart from Sir Alf Ramsey, Kevin Keegan is the only man to have both captained and managed England.

Bob Latchford added a double in the second half, either side of a Dave Watson goal.

Kevin Keegan torments the Northern Ireland defence during the 1979 match.

Bob Latchford, who bagged a brace against Northern Ireland, on England duty.

ENGLAND 3 FRANCE 1

16 June 1982, Bilbao

England: Shilton, Mills, Thompson, Butcher, Sansom (Neal), Coppell, Robson, Wilkins, Rix, Mariner, Francis

This was England's first game in the finals of the World Cup since Mexico in 1970. Both the fans and players seemed nervous.

England had stuttered through their qualifying group, whereas the French, crammed with skilful ball players such as Michel Platini, Alain Giresse and Dominique Rocheteau, were making a name for themselves. It was vital for England to get a good start.

Within 27 seconds, Bryan Robson was hooking the ball into the net, and

Bryan Robson (top) heads home his second goal against France at the 1982 World Cup.

the massive English support in Bilbao erupted. However, France brushed this off and equalised within 25 minutes through Gerard Soler. The match remained tight and tense until half-time.

In the second half, Robson struck again. Now the French had to attack in even greater numbers, and their defence was exposed once more when Paul Mariner sealed the win seven minutes from the end.

Unfortunately, this proved to be the zenith of England's fortunes in Spain, as they crashed out in the next round. The luck of the draw favoured France, and they proceeded to the Semi-finals.

Paul Mariner (left) in action against Spain during the 1982 tournament.

Did you know?
Paul Mariner scored in the five consecutive England matches he played between 18 November 1982 and the World Cup tie with France on 16 June 1982. England's previous four opponents were Hungary, Holland, Scotland and Finland.

ENGLAND 3 POLAND 0

11 June 1986, Monterrey

England: Shilton, Stevens G, Butcher, Fenwick, Sansom, Steven, Hoddle, Reid, Hodge, Lineker (Dixon), Beardsley (Waddle)

It was now or never for England. Unless they beat Poland, they were almost certainly going out of the World Cup. The Poles, meanwhile, were definitely through to the next stage, whatever happened.

Manager Bobby Robson finally bowed to the inevitable and picked Peter Reid instead of his unfit namesake, skipper Bryan (his two injury-riddled games were to be repeated in the 1990 World Cup Finals). With Trevor Steven replacing the banned Wilkins, the midfield was reshaped, largely around Glenn Hoddle.

Within the first 10 minutes, Lineker had scored and, five minutes later, he achieved another goal. Unbelievably, ten minutes from the interval, he had a third. England, and this was unprecedented in a match in the World Cup Finals, were cruising.

The second half was an anti-climax, but it didn't really matter. England were through to the last 16.

Having never won a game by three clear goals in any World Cup Finals before, England promptly did it again against Paraguay, before meeting Maradona and Argentina.

Lineker was awarded the Golden Boot as the highest scorer, with six goals.

Gary Lineker in action for England during the 1986 World Cup in Mexico.

Did you know?
Gary's magnificent finishing earned him 48 goals in 80 appearances, leaving him second only to Bobby Charlton on England's all-time list (by one goal).

ENGLAND 3 CAMEROON 2

1 July 1990, Naples

England: Shilton, Parker, Butcher (Steven), Walker, Wright, Pearce, Platt, Gascoigne, Waddle, Lineker, Barnes (Beardsley)

No one could claim that England were setting the World Cup Finals alight – although, they were proving difficult to beat and adept at getting the right results when needed.

Cameroon, on the other hand, had been a revelation in Italy from the moment they had beaten defending champions Argentina in the opening game.

England began quite well and Platt secured the lead in the first half. But it was clear that Cameroon, the livelier side, were not out of the match at half-time. After bringing on Roger Milla, Cameroon turned the match on its head.

First Emmanuel Kunde slotted home a penalty, then Eugene Ekeke grabbed the lead almost as soon as he came on the pitch. Unless England could find a riposte, they were out.

Peter Shilton had to be at his best to make a save from Omam Biyik. Then, with seven minutes left, Lineker forced a penalty and he stepped up, the picture of concentration, and converted it to take the game into extra-time.

Cameroon still often appeared to be the more exuberant team, but their

goalkeeper, Thomas N'kono, clumsily challenged Lineker, awarding England another penalty. Lineker slammed the ball down the middle of the goal and England were through to meet West Germany.

Gary Lineker was spot on against Cameroon at Italia 1990 as his two penalties sealed a 3-2 victory.

ENGLAND 2 SCOTLAND 0

15 June 1996, Wembley

England: Seaman, Neville G, Pearce (Redknapp) (Campbell), Adams, Southgate, Ince (Stone), McManaman, Gascoigne, Stone, Sheringham, Shearer

As a frustrating first half for the Three Lions came to an end, with the scores locked at 0-0, many England fans were concerned about their side's tournament chances. Scotland had battled well and enjoyed plenty of possession, defending stoutly and often out-numbering the English in midfield.

Terry Venables brought on a young Jamie Redknapp after the interval to get a grip of the game, and the Liverpool man's accurate passing played a major role in England taking charge.

The first goal came from a surging right-flank run from Gary Neville, whose deep cross was finished off by Alan Shearer's header. Scotland refused to give in and after 76 minutes they earned a penalty after a crude Tony Adams tackle on Gordon Durie.

Gary McAllister stepped up with the hopes of a nation on his shoulders, but half-way through his run up, the ball moved slightly on the penalty spot. He took the kick anyway and David Seaman pulled off a fantastic save to maintain England's lead.

Three minutes later, Gazza scored his memorable goal which sealed the win.

"England have the best fans in the world and Scotland's fans are second-to-none." – Kevin Keegan

Gazza scores one of the greatest goals Wembley has ever witnessed to put England two goals ahead during Euro 1996.

Did you know?
Paul Gascoigne won 57 caps, scoring nine memorable goals for England. A smooth passer and highly accomplished dribbler, Gazza always looked to attack and create something magical.

ENGLAND 4 HOLLAND 1

18 June 1996, Wembley

England: Seaman, Neville G, Adams, Southgate, Pearce, McManaman, Gascoigne, Ince (Platt), Anderton, Shearer (Fowler), Sheringham (Barmby)

Scoring 30 goals in 63 games, Alan Shearer was possibly the last great exponent of traditional English centre-forward play, forging a classic partnership with Teddy Sheringham.

Even after various injuries had curtailed his pace, he was still able to act as a supreme target man and foil for strikers such as Michael Owen. Shearer enjoyed a highly successful club career with Southampton, Blackburn Rovers and Newcastle United.

Teddy Sheringham guides home his second and England's fourth in the famous 4-1 victory over the Dutch at Euro 1996.

Alan Shearer almost breaks the net as he slams in England's third and best goal against Holland.

"If you can't stand the heat in the dressing room, get out of the kitchen." – Terry Venables

This was the final group game between two teams who had been expected to dominate and qualify for the 1996 Quarter-finals. But with a win and a draw each, neither England nor Holland had yet kicked into gear. That changed on a balmy summer evening in London.

With just over 20 minutes gone, Shearer opened up the scores. There were rumours that the Dutch camp was split down the middle, and that manager Guus Hiddink was facing a players' rebellion. It did seem as if their team weren't responding in their usual manner, but at half-time, the score remained at 1-0.

However, in a glorious ten-minute spell soon after the interval, the floodgates opened. Sheringham scored, adding to Shearer's goal, then both Shearer and Sheringham scored again. It was technically advanced football played with stunning purpose.

The Wembley crowd had not seen a top-class side demolished in such style for years, and roared their approval. Terry Venables, a former manager of Barcelona, considered it the most vibrant atmosphere he had ever experienced.

Not even Patrick Kluivert's late consolation (which sneaked the shattered Dutch into the Quarter-finals) could spoil the party. Thirty years of hurt appeared to be at an end.

Did you know?
Apart from the loss to Germany at Euro 1996, Terry Venables's only other defeat as England boss came in a friendly against Brazil in 1995.

ENGLAND 5 GERMANY 1

When wins against Finland, Albania and Greece gave England an outside chance of recovering from their home defeat by Germany the previous year, this was the first massive test of Sven-Göran Eriksson's managerial reign. England simply had to win to have a chance of automatic qualification for the World Cup Finals – otherwise, a difficult play-off loomed ahead.

The game started badly for England. The physically imposing Carsten Jancker seized on a defensive mix-up after six minutes. But heads didn't drop, and barely six minutes later Nicky Barmby headed across goal for Michael Owen to hook in the equaliser.

1 September 2001, Munich

England: Seaman, Neville G, Ferdinand, Campbell, Cole A, Beckham, Scholes (Carragher), Gerrard (Hargreaves), Barmby (McManaman), Owen, Heskey

Things got even better as Owen ran their statuesque rearguard ragged and, after forcing a corner, Steven Gerrard cracked home a blistering second just on half-time.

If that was good, the second half was magical. Put through twice more, Owen finished with cool aplomb each time to notch a staggering hat-trick.

"To beat Germany, yes, okay, yet 5-1? It just doesn't happen." – Sven-Göran Eriksson

Not since England went to Berlin in 1938 and won 6-3 had Germany been so outclassed at home. Then Heskey swept in a fifth and everyone – players, managers and fans – reeled in a state of shock.

Michael Owen completes his hat-trick to put England 4-1 up in Munich.

ENGLAND 3 ARGENTINA 2

12 November 2005, Geneva

England: Robinson, Young (Crouch), Ferdinand, Terry, Bridge (Konchesky), Beckham, King (Cole J), Lampard, Gerrard, Owen, Rooney

Argentina came to Europe playing superbly, as they were to do throughout the 2006 World Cup in Germany. For once, a friendly match was taken extremely seriously, possibly because the neutral venue enhanced the World Cup rehearsal status.

Inspired by their outstanding playmaker, Juan Roman Riquelme, and his chief right-hand man, Maxi Rodriguez, Argentina played fast, flowing football.

After a slow start, Rooney equalised Hernan Crespo's opener in a sharp interchange of goals just before half-time.

In the second half, defender Walter Samuel came up to score and England looked to have fallen short as the belated round of substitutions began.

But Eriksson threw caution to the wind and brought on Peter Crouch for a defender, and the Argentinian back-four wilted.

The ensuing confusion was tailor-made for Owen who snapped up a brace of goals in the final minutes to turn the match on its head.

Did you know?
The game was a fitting match for Beckham's 50th as captain of England.

Joe Cole (foreground), Michael Owen and Wayne Rooney celebrate beating Argentina 3-2 in 2005.

MATTHEWS & FINNEY

There have been hundreds of great England players over the years, as the home of football has produced some of the world's finest goalkeepers, including Gordon Banks and Peter Shilton, classy defenders like Bobby Moore and Rio Ferdinand, marauding midfielders like Bobby Charlton and Bryan Robson, and lethal strikers such as Gary Lineker and Alan Shearer. The following pages concentrate on just a selection of great Lions.

Sir Stanley Matthews

Caps: 54
Goals: 11
Won: 32
Lost: 14
Drawn: 8
Debut: Vs Wales, 29 September 1934
Last game: Vs Denmark, 15 May 1957
Clubs: Stoke City, Blackpool

A supremely gifted and clever winger, Sir Stanley Matthews was known as the 'wizard of dribble'. He was full of tricks and shimmies, and his forays down either flank had back-peddling full-backs in a daze, swinging at fresh air as they attempted to make a tackle.

Matthews is England's oldest ever goalscorer. He was 41 years and 248 days old when he struck against Northern Ireland in Belfast on 6 October 1956.

"He (Matthews) was the man who taught us how football should be played." – Pelé

"Tom Finney would have been great in any team, in any match and in any age ... even if he had been wearing an overcoat." – Bill Shankly

Did you know?
Tom Finney was the first man ever to score 30 goals for England.

Sir Tom Finney was left-footed, but preferred to play on the right wing and, when on international duty, he could operate on either flank and often as a centre-forward. The Preston North End legend boasts an excellent goalscoring record for England, but he also created countless chances and goals for his team-mates.

England's 'wizard of dribble', Stanley Matthews, torments the full-back from Scotland.

Sir Tom Finney (right) whips in one of his trademark crosses whilst playing for the Three Lions.

Sir Tom Finney

Caps: 76
Goals: 30
Won: 51
Lost: 12
Drawn: 13
Debut: Vs Ireland, 28 September 1946
Last game: Vs USSR, 22 October 1958
Club: Preston North End

WRIGHT & LOFTHOUSE

An influential skipper for club and country, Billy Wright was a commanding and uncompromising defender. The Wolves legend possessed excellent positional sense and was strong in the air and on the deck.

Billy Wright missed only three England games from the beginning to the end of his international career.

Billy Wright
Caps: 105
Goals: 3
Won: 60
Lost: 21
Drawn: 24
Debut: Vs Ireland, 28 September 1946
Last game: Vs USA, 28 May 1959
Club: Wolverhampton Wanderers

Captain Billy Wright leads England out to battle with Scotland in 1959.

Did you know?
Billy Wright managed Arsenal for four seasons in the 1960s.

Nat Lofthouse

Caps: 33
Goals: 30
Won: 16
Lost: 5
Drawn: 12
Debut: Vs Yugoslavia, 22 November 1950
Last game: Vs Wales, 26 November 1958
Club: Bolton Wanderers

Famously known as the 'Lion of Vienna', thanks to an inspiring performance for England against Austria when Lofthouse scored the winning goal in a 3-2 triumph, despite being injured. The Bolton centre-forward was aggressive and ultra-competitive but also a fine finisher, as his international record illustrates.

Nat Lofthouse scored 30 goals in 33 games for England.

BALL & HUGHES

A terrier-like winger whose awesome energy levels were crucial to England's 1966 World Cup success, Alan Ball was an energetic midfielder with excellent passing ability. His pace, acceleration and natural balance allowed him to buzz past defenders and play dangerous balls into the box. Although playing more centrally in 1966, Ball's work ethic and desire to link up with the forwards gave England width when they needed it, as illustrated when he set up Geoff Hurst's second goal in the Final.

Alan Ball

Caps: 72
Goals: 8
Won: 45
Lost: 8
Drawn: 19
Debut: Vs Yugoslavia, 9 May 1965
Last game: Vs Scotland, 24 May 1975
Clubs: Blackpool, Everton, Arsenal, Southampton, Philadelphia Fury, Vancouver Whitecaps, Eastern AA, Bristol Rovers

Emlyn Hughes

Caps: 62
Goals: 1
Won: 32
Lost: 10
Drawn: 20
Debut: Vs Holland, 5 November 1969
Last game: Vs Scotland, 24 May 1980
Clubs: Blackpool, Liverpool, Wolverhampton Wanderers, Rotherham United, Hull City, Mansfield Town, Swansea City

Famously known as 'Crazy Horse', after Liverpool's legendary manager Bill Shankly had given him the label, Emlyn Hughes was a hard-working, whole-hearted and versatile performer, equally adept playing in midfield or defence.

Did you know?
Hughes captained England on 23 occasions.

'Crazy Horse' aka Emlyn Hughes in possession of the ball for England.

"He (Hughes) was an absolute legend. When I went to Liverpool he was the main man. He was a wonderful player and a fantastic example to everyone. He was the best person to learn from and a larger than life character." – Graeme Souness

KEEGAN & BROOKING

Had Kevin Keegan played in a better England side, he would surely be remembered as one of the country's best. The hard-working striker was an excellent finisher and a dangerous attacking force, whose exploits at club level for Liverpool and German side SV Hamburg, led to plenty of trophies and two European Player of the Year Awards.

Keegan played only 26 minutes of football at the World Cup Finals due to England's poor qualifying record during the 1970s and his injury before the 1982 tournament.

'Special K', Kevin Keegan celebrates scoring against Scotland at Wembley in 1979.

Kevin Keegan

Caps: 63
Goals: 21
Won: 34
Lost: 12
Drawn: 17
Debut: Vs Wales, 15 November 1972
Last game: Vs Spain, 5 July 1982
Clubs: Scunthorpe United. Liverpool, SV Hamburg, Southampton, Newcastle United, Blacktown City Demons

"My father was a miner and he worked down a mine." – Kevin Keegan

Trevor Brooking

Caps: 47
Goals: 5
Won: 25
Lost: 8
Drawn: 14
Debut: Vs Portugal, 3 April 1974
Last game: Vs Spain, 5 July 1982
Club: West Ham United

Did you know?
Trevor won The FA Cup with West Ham twice and scored the winning goal in the 1980 victory over Arsenal.

After Sir Bobby Charlton, Sir Trevor Brooking is the gentleman of English football. Like Kevin Keegan, he endured a somewhat frustrating international career. Brooking's subtle and skilful style was not typically English. He was two-footed, could pass and control the ball with accuracy, and had the happy knack of scoring vital goals.

Trevor Brooking in action against the Scots at Hampden Park.

ROBSON & BUTCHER

Christened 'Captain Marvel' thanks to his inspirational performances as skipper for both club and country, Bryan Robson always led by example at the heart of England's midfield, putting his body on the line, crunching into tackles and winning headers as part of his box-to-box, all-action style. 'Robbo' had a silky left foot and was an expert at arriving late in the box to score important goals.

Bryan Robson

Caps: 90
Goals: 26
Won: 46
Lost: 17
Drawn: 27
Debut: Vs Republic of Ireland, 6 February 1980
Last game: Vs Turkey, 16 October 1991
Clubs: West Bromwich Albion, Manchester United, Middlesbrough

"The real pity is that the England teams I played for didn't fulfil their potential. At the 1982 World Cup I was still comparatively young and learning the international game. Then, when I was at my peak and perhaps could have had an influence on tournaments, I had injuries. We certainly had the ability, individually and collectively, to achieve more than we did. I'm convinced the team we had in 1990, especially, was good enough to have won the World Cup." – Bryan Robson

Bryan Robson, in action against Tunisia in 1990, was one of the finest all-round midfielders ever to play for England.

One of the hardest men to have performed in the England shirt, a shirt he famously once wore almost completely stained in his own blood, Terry Butcher was born to defend and could dominate even the most talented strikers in world football. Uncompromising in the challenge and an excellent man-marker, Butcher bludgeoned most of his opponents into submission before they got near the England goal.

Terry Butcher

Caps: 77
Goals: 3
Won: 45
Lost: 10
Drawn: 22
Debut: Vs Australia, 31 May 1980
Last game: Vs West Germany, 4 July 1990
Clubs: Ipswich Town, Glasgow Rangers, Coventry City, Sunderland

WADDLE & BEARDSLEY

The Geordie genius, Chris Waddle, often appeared ungainly and awkward on the football pitch. That was until he received the ball. Waddle was technically gifted and could play on either wing, using his distinctive dribbling style, which included a deceptive drop of the shoulder to create space for his accurate crosses. Waddle was also a free-kick specialist.

Chris Waddle

Caps: 62
Goals: 6
Won: 29
Lost: 11
Drawn: 22
Debut: Vs Republic of Ireland, 26 March 1985
Last game: Vs Turkey, 16 October 1991
Clubs: Newcastle United, Tottenham Hotspur, Olympic Marseille, Sheffield Wednesday, Falkirk, Bradford City, Sunderland, Burnley, Torquay United

Chris Waddle prepares to take on another opponent whilst on England duty.

Peter Beardsley

Caps: 59
Goals: 9
Won: 30
Lost: 8
Drawn: 21
Debut: Vs Egypt, 29 January 1986
Last game: Vs China, 23 May 1996
Clubs: Carlisle United, Vancouver Whitecaps, Manchester United, Newcastle United, Liverpool, Everton, Bolton Wanderers, Manchester City, Fulham, Hartlepool United, Melbourne Knights, Doncaster Rovers

A clever striker, who expertly operated in the deep-lying role, linking the midfield to the attack, Peter Beardsley played a major role in England's successful World Cup campaigns in 1986 and 1990. His insightful movement, passing ability and creative vision allowed Gary Lineker to flourish in the centre-forward role in front of him.

Peter Beardsley was a vital part of the 1986 and 1990 World Cup sides.

PEARCE & PLATT

Whole-hearted, unflinching in the tackle and a tigerish competitor, Stuart Pearce's presence in the England defence provided extra bite and a superb natural balance. The Nottingham Forest legend, who was famously known as 'Psycho', possessed a wickedly powerful left-foot shot and was one of the proudest men to have ever worn the Three Lions on his chest.

Stuart Pearce

Caps: 78
Goals: 5
Won: 40
Lost: 6
Drawn: 32
Debut: Vs Brazil, 19 May 1987
Last game: Vs Poland, 8 September 1999
Clubs: Wealdstone, Coventry City, Nottingham Forest, Newcastle United, West Ham United, Manchester City

Stuart Pearce clears the danger for the Three Lions with typical gusto during a friendly with Hungary at Wembley.

David Platt

Caps: 62
Goals: 27
Won: 29
Lost: 9
Drawn: 24
Debut: Vs Italy, 15 November 1989
Last game: Vs Germany, 26 June 1996
Clubs: Crewe Alexandra, Aston Villa, Bari, Juventus, Sampdoria, Arsenal, Nottingham Forest

Despite Paul Gascoigne being the undisputed star of England's Italia 1990 World Cup campaign, David Platt's contribution to the Three Lion's success was just as telling. The former Aston Villa man weighed in with plenty of vital goals from midfield, including a classic volleyed winner in extra-time against Belgium in the knock-out stage. Platt captained his country on several occasions and produced a level of consistency in an England shirt that many players could only dream of.

David Platt celebrates another goal for England against Argentina in 1991.

SHEARER & SHERINGHAM

Shearer was one of the most powerful and purposeful strikers to play for England. He expertly led the line, using his physical presence and hold-up play. Shearer was excellent in the air and a lethal finisher in front of the goal. The Geordie legend also captained his country on 34 occasions.

Alan Shearer

Caps: 63
Goals: 30
Won: 28
Lost: 13
Drawn: 22
Debut: Vs France, 19 February 1992
Last game: Vs Romania, 20 June 2000
Clubs: Southampton, Blackburn Rovers, Newcastle United

Power, pace and a deadly kick – Alan Shearer had everything a striker needed.

Did you know?
Alan Shearer missed only one of the penalties he took for England. His effort against Poland on 31 May in 1997 crashed back off the post.

Teddy Sheringham

Caps: 51
Goals: 11
Won: 22
Lost: 8
Drawn: 21
Debut: Vs Poland, 29 May 1993
Last game: Vs Brazil, 21 June 2002
Clubs: Millwall, Aldershot, Djurgardens IF, Nottingham Forest, Tottenham Hotspur, Manchester United, Portsmouth, West Ham United, Colchester United

Did you know?
Teddy notched the fastest goal scored by an England substitute when he hit the target against Greece at Old Trafford on 6 October 2001.

The perfect foil for Alan Shearer in England's impressive Euro 1996 side, Teddy Sheringham's subtle skills and intelligent link-up play were crucial to England's success. A superb finisher in his own right, Sheringham's superb fitness levels ensured he was still impressing in an England shirt well into his 30s.

The perfect foil for Alan Shearer up front, Teddy Sheringham in action against Nigeria at the 2002 World Cup.

MANAGER RECORDS

England's first ever manager, Sir Walter Winterbottom, on the training field.

Check out England's vital statistics over the next few pages and find out which England manager has the best win percentage, the oldest players to wear the shirt and some interesting facts about the England elevens.

England Managers

Manager	Reign
Sir Walter Winterbottom	1946-1962
Sir Alf Ramsey	1963-1974
Joe Mercer	1974 (caretaker manager)
Don Revie	1974-1977
Ron Greenwood	1977-1982
Sir Bobby Robson	1982-1990
Graham Taylor	1990-1993
Terry Venables	1994-1996
Glenn Hoddle	1996-1999
Howard Wilkinson	1999 and 2000 (two separate occasions as caretaker manager)
Kevin Keegan	1999-2000
Peter Taylor	2000 (caretaker manager)
Sven-Göran Eriksson	2001-2006
Steve McClaren	2006-2007
Fabio Capello	2008 to present

"If you want to win football games, you've got to score goals." – Graham Taylor

Manager	Games	Won	Drawn	Lost	GF	GA	Win %
Sir Walter Winterbottom	138	77	38	23	380	195	55.8%
Sir Alf Ramsey	113	69	27	17	224	98	61.1%
Joe Mercer	7	3	3	1	9	7	42.9%
Don Revie	29	14	8	7	49	25	48.3%
Ron Greenwood	55	33	12	10	93	40	60%
Sir Bobby Robson	95	47	30	18	154	60	49.5%
Graham Taylor	38	18	13	7	62	32	47.4%
Terry Venables	23	11	11	1	35	13	45.8%
Glenn Hoddle	28	17	6	5	42	13	60.7%
Howard Wilkinson	2	0	1	1	0	2	0%
Kevin Keegan	18	7	7	4	26	15	38.9%
Peter Taylor	1	0	0	1	0	1	0%
Sven-Göran Eriksson	67	40	17	10	128	61	59.7%
Steve McClaren	18	9	4	5	32	12	50%
Fabio Capello	20	15	2	3	53	16	75%

"I'm a firm believer that if the other side scores first you have to score twice to win." – Howard Wilkinson

Sven-Göran Eriksson looks for inspiration from above during the 2006 World Cup.

ALL TIME RECORDS

Player Profile

Peter Shilton
Caps: 125
Goals: 0
Won: 66
Lost: 24
Drawn: 35
Debut: Vs East Germany, 25 November 1970
Last game: Vs Italy, 7 July 1990
Clubs: Leicester City, Stoke City, Nottingham Forest, Southampton, Derby County, Plymouth Argyle, Wimbledon, Bolton Wanderers, Coventry City, West Ham United, Leyton Orient

One of the game's greatest goalkeepers, Peter Shilton's awesome ability was matched by his longevity. He played 1,390 times for 11 clubs during his career, finally calling it a day well into his late forties. 'Shilts' was a brilliant shot-stopper, dominated his area and possessed reliable handling and distribution. In his 125 games between the sticks, he conceded only 80 goals, and kept a record 65 clean sheets.

Top 20 England Appearances

1	Peter Shilton	125
2	David Beckham	115
3	Bobby Moore	108
4	Bobby Charlton	106
5	Billy Wright	105
6	Bryan Robson	90
7	Michael Owen	89
8	Kenny Sansom	86
9	Gary Neville	85
10	Ray Wilkins	84
11	Gary Lineker	80
12	John Barnes	79
13	Stuart Pearce	78
14	Terry Butcher	77
14	Steven Gerrard	77
14	Ashley Cole	77
17	Rio Ferdinand	76
17	Frank Lampard	76
17	Tom Finney	76
18	David Seaman	75

England's record victory is a 13-0 thrashing of Ireland in Belfast on 18 February 1882.

The Three Lions' record defeat came on 23 May 1954 when they were humbled 7-1 by Hungary in Budapest.

Top England 20 All Time Goal Scorers

No	Player	Goals	Games	Strike Rate
1	Bobby Charlton	49	106	0.46
2	Gary Lineker	48	80	0.60
3	Jimmy Greaves	44	57	0.77
4	Michael Owen	40	89	0.45
5	Tom Finney	30	76	0.39
6	Nat Lofthouse	30	33	0.91
7	Alan Shearer	30	63	0.48
8	Vivian Woodward	29	23	1.26
9	Steve Bloomer	28	23	1.22
10	David Platt	27	62	0.44
11	Bryan Robson	26	90	0.29
12	Wayne Rooney	25	56	0.45
13	Geoff Hurst	24	49	0.49
14	Stan Mortensen	23	25	0.92
15	Tommy Lawton	22	23	0.96
16	Kevin Keegan	21	63	0.33
17	Mick Channon	21	46	0.46
18	Martin Peters	20	67	0.30
19	Frank Lampard	20	76	0.26
20	Johnny Haynes	18	56	0.32

Gary Lineker played five games in the 1986 World Cup and scored six goals. He was top scorer of the tournament, and became the only England player to have won the Golden Boot Award.

Tommy Lawton scored England's fastest goal when he netted after just 17 seconds in 1947.

England's record victory at Wembley was the 9-0 hammering dished out to Luxembourg on 15 December 1982.

DON'T QUOTE ME

"It's a case of putting all our eggs into the next ninety minutes." – Phil Neal

"We keep kicking ourselves in the foot." – Ray Wilkins

"Hoddle hasn't been the Hoddle we know. Neither has Robson." – Ron Greenwood

Players Sent Off while Playing for England:

Alan Mullery	Vs Yugoslavia	5 June 1968
Alan Ball	Vs Poland	6 June 1973
Trevor Cherry	Vs Argentina	12 June 1977
Ray Wilkins	Vs Morocco	6 June 1986
David Beckham	Vs Argentina	30 June 1998
Paul Ince	Vs Sweden	5 September 1998
Paul Scholes	Vs Sweden	5 June 1999
David Batty	Vs Poland	8 September 1999
Alan Smith	Vs Macedonia	16 October 2002
David Beckham	Vs Austria	8 October 2005
Wayne Rooney	Vs Portugal	1 July 2006
Robert Green	Vs Ukraine	10 October 2009

"We made the first step and we go to South Africa. But we have to work a lot because to win the World Cup would be a really strong moment."– Fabio Capello

"In football, time and space are the same thing."
– Graham Taylor

"Very few of us have any idea whatsoever of what life is like living in a goldfish bowl, except, of course, for those of us who are goldfish." – Graham Taylor

"People always remember the second half."
– Graham Taylor

A star of England's Euro 1996 campaign who also impressed playing in Spain with Real Madrid, Steve McManaman is one of the most successful Englishmen to ply their trade abroad.

FACTS & STATS

England Players who have appeared in three World Cup Finals.

1. Tom Finney	1950, 1954, 1958
2. Billy Wright	1950, 1954, 1958
3. Bobby Charlton	1962, 1966, 1970
4. Bobby Moore	1962, 1966, 1970
5. Peter Shilton	1982, 1986, 1990
6. Bryan Robson	1982, 1986, 1990
7. Terry Butcher	1982, 1986, 1990
8. David Beckham	1998, 2002, 2006
9. Michael Owen	1998, 2002, 2006
10. Sol Campbell	1998, 2002, 2006

Did you know? Three father and son combinations have represented England. They are George Eastham Senior and George Eastham Junior, Brian Clough and Nigel Clough and Frank Lampard Senior and Frank Lampard Junior.

England Elevens:

All-Time England XI

1. Gordon Banks
2. Gary Neville
3. Stuart Pearce
4. Bryan Robson
5. Duncan Edwards
6. Bobby Moore
7. Alan Ball
8. Paul Gascoigne
9. Gary Lineker
10. Jimmy Greaves
11. Bobby Charlton

Did you know?
In a friendly with Holland in 1988 Tony Adams was on the scoresheet for both sides.

Duncan Edwards, widely regarded as one of England's finest performers, despite only making 18 appearances due to his tragic and untimely death.

The Best Uncapped England XI

1. Tony Coton
2. Paul Elliot
3. Julian Dicks
4. Billy Bonds
5. Steve Bruce
6. Kevin Nolan
7. Jimmy Case
8. Rod Wallace
9. Mark Bright
10. Kevin Campbell
11. Howard Kendall

One-Cap Wonders XI

1. Nigel Spink
2. John Hollins
3. Steve Guppy
4. David Unsworth
5. Anthony Gardner
6. David Dunn
7. Lee Bowyer
8. Danny Wallace
9. Francis Jeffers
10. Chris Sutton
11. Mark Walters

"It was a game we should have won. We lost it because we thought we were going to win it. But then again, I thought that there was no way we were going to get a result there." – Jack Charlton

Did you know?
When Owen Hargreaves was on the books at Bayern Munich he won a full England cap without ever having played for an English league club.

PLAYERS/MANAGERS

Glenn Hoddle was successful as a player and manager for England.

Did you know?
England's longest unbeaten run was 20 matches and took place from 1889 to 1896.

Caps	Games	Won	Win %	Games Managed	Games Won	Win %
Alf Ramsey	32	18	56.3%	113	69	61.1%
Joe Mercer	5	3	60%	7	3	42.9%
Don Revie	6	3	50%	29	14	48.3%
Bobby Robson	20	11	55%	95	47	49.5%
Terry Venables	2	0	0%	23	11	45.8%
Glenn Hoddle	53	27	50.9%	28	17	60.7%
Kevin Keegan	63	34	53.9%	18	7	38.9%
Peter Taylor	4	3	75%	1	0	0%

"When a player gets to 30, so does his body."
– Glenn Hoddle

Top Ten Oldest Englan Players	
1	Stanley Matthews aged 42 years, 102 days on 15 May 1957 v Denmark, WC Qualifier
2	Alexander Morten aged 41 years, 114 days on 8 Mar 1873 v Scotland, Friendly
3	Peter Shilton aged 40 years, 292 days on 7 Jul 1990 v Italy, World Cup
4	Frank Osborne aged 39 years, 221 days on 24 May 1926 v Belgium, Friendly
5	Edward Taylor aged 39 years, 40 days on 17 April 1926 v Scotland, Home Champ
6	David Seaman aged 39 years, 27 days on 16 October 2002 v Macedonia, EC Qualifier
7	Leslie Compton aged 38 years, 70 days on 22 November 1950 v Yugoslavia, Friendly
8	Stuart Pearce aged 37 years, 137 days on 8 September 1999 v Poland, EC Qualifier
9	Jesse Pennington aged 36 years, 230 days on 10 April 1920 v Scotland, Home Champ
10	Sam Hardy aged 36 years, 227 days on 10 Apr 1920 v Scotland, Home Champ

"I just feel I fall a little short about what is required in this job. I sat there in the first half and could see things weren't going right but I couldn't find it in myself to solve the problem." – Kevin Keegan announcing his resignation as England boss

BOBBY CHARLTON

Caps: 106
Goals: 49
Won: 60
Lost: 22
Drawn: 24
Debut: Vs Scotland, 19 April 1958
Last game: Vs West Germany, 14 June 1970
Clubs: Manchester United, Preston North End

Sir Bobby Charlton lets fly in typical fashion against Brazil at the 1970 World Cup.

The driving force of the England team throughout the 1960s, Sir Bobby Charlton could hit a ball with great power using either foot and was a tireless worker playing in an advanced midfield role. The Manchester United legend scored plenty of vital goals for his country including some crucial strikes during the 1966 World Cup.

Did you know?
Bobby was named European Footballer of the Year in 1966 following England's World Cup win.

Date	Opposition	Venue	Score	Bobby's Goals
19 April 1958	Scotland	Hampden Park	4-0	1
7 May 1958	Portugal	Wembley	2-1	2
4 October 1958	Northern Ireland	Windsor Park	3-3	2
22 October 1958	USSR	Wembley	5-0	1
11 April 1959	Scotland	Wembley	1-0	1
6 May 1959	Italy	Wembley	2-2	1
28 May 1959	USA	Wrigley Field	8-1	3
28 October 1959	Sweden	Wembley	2-3	1
9 April 1960	Scotland	Hampden Park	1-1	1
8 October 1960	Northern Ireland	Windsor Park	5-2	1
19 October 1960	Luxembourg	Municipal	9-0	3
23 November 1960	Wales	Wembley	5-1	1
10 May 1961	Mexico	Wembley	8-0	3
28 September 1961	Luxembourg	Highbury	4-1	2
22 November 1961	Northern Ireland	Wembley	1-1	1
2 June 1962	Argentina	Braden Cooper	3-1	1
29 May 1963	Czechoslovakia	Tehelne pole	4-2	1
2 June 1963	East Germany	Zentral Leipzig	2-1	1
5 June 1963	Switzerland	Sankt Jakob	8-1	3
12 October 1963	Wales	Ninian Park	4-0	1
17 May 1964	Portugal	Nacional	4-3	1
27 May 1964	USA	Downing	10-0	1
10 April 1965	Scotland	Wembley	2-2	1
20 October 1965	Austria	Wembley	2-3	1
2 April 1966	Scotland	Hampden Park	4-3	1
4 May 1966	Yugoslavia	Wembley	2-0	1
16 July 1966	Mexico	Wembley	2-0	1
26 July 1966	Portugal	Wembley	2-1	2
16 November 1966	Wales	Wembley	5-1	1
21 October 1967	Wales	Ninian Park	3-0	1
22 November 1967	Northern Ireland	Wembley	2-0	1
3 April 1968	Spain	Wembley	1-0	1
22 May 1968	Sweden	Wembley	3-1	1
8 June 1968	USSR	Olimpico, Rome	2-0	1
7 May 1969	Wales	Wembley	2-1	1
21 April 1970	Northern Ireland	Wembley	3-1	1
20 May 1970	Colombia	Nemesio Camacho	4-0	1

GARY LINEKER

Caps: 80
Goals: 48
Won: 39
Lost: 29
Drawn: 12
Debut: Vs Scotland, 26 May 1984
Last game: Vs Sweden, 17 June 1992
Clubs: Leicester City, Everton, Barcelona, Tottenham Hotspur, Grampus Eight

A hero for his country and a reliable scorer for all his clubs, Gary Lineker was a gentleman on and off the pitch.

Gary Lineker was another predatory striker who was lethal in the six-yard box and always seemed to pop up with a vital goal exactly when England needed it most. His international total includes five hat-tricks and he is one of only three England players, along with Steve Bloomer and Jimmy Greaves, to have scored four goals in an England match twice. He will be remembered for the ten-goal total he scored at the 1986 and 1990 World Cups and for never being booked or sent off during his career.

Did you know?
Gary only ever missed one penalty for England. It came in a friendly against Brazil at Wembley in 1992. Had he hit the back of the net he would have finished as England's joint top scorer with Bobby Charlton.

"England can end the Millennium as it started – as the greatest football nation in the world." – Kevin Keegan

Date	Opposition	Venue	Score	Gary's Goals
26 March 1985	Rep of Ireland	Wembley	2-1	1
16 June 1985	USA	Memorial Coliseum	5-0	2
16 October 1985	Turkey	Wembley	5-0	3
11 June 1986	Poland	Universitario	3-0	3
18 June 1986	Paraguay	Azteca	3-0	2
22 June 1986	Argentina	Azteca	1-2	1
15 October 1986	Northern Ireland	Wembley	3-0	2
18 February 1987	Spain	Bernabeu Stadium	4-2	4
19 May 1987	Brazil	Wembley	1-1	1
9 September 1987	West Germany	Rheinstadion	1-3	1
14 October 1987	Turkey	Wembley	8-0	3
23 March 1988	Holland	Wembley	2-2	1
24 May 1988	Colombia	Wembley	1-1	1
28 May 1988	Switzerland	Olympique	1-0	1
26 April 1989	Albania	Wembley	5-0	1
3 June 1989	Poland	Wembley	3-0	1
7 June 1989	Denmark	Idraetspark	1-1	1
28 March 1990	Brazil	Wembley	1-0	1
15 May 1990	Denmark	Wembley	1-0	1
11 June 1990	Rep of Ireland	Renato St Elia	1-1	1
1 July 1990	Cameroon	San Paolo	3-2	2
4 July 1990	West Germany	Stadio delle Alpi	1-1	1
12 September 1990	Hungary	Wembley	1-0	1
17 October 1990	Poland	Wembley	2-0	1
6 February 1991	Cameroon	Wembley	2-0	2
25 May 1991	Argentina	Wembley	2-2	1
3 June 1991	New Zealand	Mount Smart	1-0	1
12 June 1991	Malaysia	Merdeka	4-2	4
13 November 1991	Poland	Lech, Poznan	1-1	1
19 February 1992	France	Wembley	2-0	1
29 April 1992	CIS	Central, Moscow	2-2	1

JIMMY GREAVES

Caps: 57
Goals: 44
Won: 30
Lost: 14
Drawn: 13
Debut: Vs Peru, 17 May 1959
Last game: Vs Austria, 17 May 1967
Clubs: Chelsea, AC Milan, Tottenham Hotspur, West Ham United, Brentwood Town, Chelmsford City, Barnet

When Jimmy Greaves played for England, he usually scored, amassing a hugely impressive tally of 44 goals in 57 games, including six hat-tricks – a record that still stands.

Jimmy famously missed the 1966 Final after an injury earlier in the tournament ruled him out of the later stages and Geoff Hurst's fine form kept him out of the Final. Probably England's most naturally talented striker and a deadly finisher, Jimmy Greaves is certainly one of the greats.

A natural born finisher, Jimmy Greaves had an excellent goalscoring record for England.

Date	Opposition	Venue	Score	Jimmy's Goals
17 May 1959	Peru	Nacional	1-4	1
17 October 1959	Wales	Ninian Park	1-1	1
11 May 1960	Yugoslavia	Wembley	3-3	1
8 October 1960	Northern Ireland	Windsor Park	5-2	2
19 October 1960	Luxembourg	Municipal	9-0	3
26 October 1960	Spain	Wembley	4-2	1
23 November 1960	Wales	Wembley	5-1	2
15 April 1961	Scotland	Wembley	9-3	3
24 May 1961	Italy	Olimpico, Rome	3-2	1
27 May 1961	Austria	Wiener, Prater	1-3	1
20 May 1962	Peru	Nacional, Lima	4-0	3
2 June 1962	Argentina	Braden Copper	3-1	1
20 October 1962	Northern Ireland	Windsor Park	3-1	1
21 November 1962	Wales	Wembley	4-0	1
29 May 1963	Czechoslovakia	Tehelne pole	4-2	2
12 October 1963	Wales	Ninian Park	4-0	1
23 October 1963	Rest of World	Wembley	2-1	1
20 November 1963	Northern Ireland	Wembley	8-3	4
24 May 1964	Rep of Ireland	Dalymount Park	3-1	1
30 May 1964	Brazil	Maracana	1-5	1
3 October 1964	Northern Ireland	Windsor Park	4-3	3
9 December 1964	Holland	Olympisch	1-1	1
10 April 1965	Scotland	Wembley	2-2	1
5 May 1965	Hungary	Wembley	1-0	1
4 May 1966	Yugoslavia	Wembley	2-0	1
29 June 1966	Norway	Ulleval	6-1	4
24 May 1967	Spain	Wembley	2-0	1

Did you know?
Jimmy Greaves played only three more games for England after the 1966 World Cup Finals, adding just one further goal to his tally.

GLOSSARY

A – Away

AET – After Extra-time (as in the final score after extra-time)

D – Drawn

EC – European Championship

Euro – European Championship

FA – Football Association

FIFA – Fédération Internationale de Football (International Federation of Association Football)

GA – Goals Against

GD – Goal Difference

GF – Goals For

H – Home

Incl. – Including

International Debut – A player's first game for his country.

L – Lost

N Ireland – Northern Ireland

No. – Number

Pen(s) – Penalty-kick/ Penalties

Pld/Pl – Played
Pts – Points

Rep of Ireland – Republic of Ireland

SPAL – Societa Polisportiva Ars et Labor (an Italian football club)

Sub – Substitute

SV Hamburg – Sport-Verein Hamburg

UEFA - Union of European Football Associations

USSR – Union of Soviet Socialist Republics

V – Versus

Vs – Versus

W – Won

WC – World Cup

XI – Eleven

INDEX